U0677323

"十三五"国家重点图书项目

国家出版基金项目
NATIONAL PUBLICATION FOUNDATION

一带一路

中外文化交流史

何芳川◎主编

傅增有◎著

中国泰国文化交流史

国际文化出版公司

·北京·

图书在版编目（CIP）数据

中外文化交流史 . 中国泰国文化交流史 / 何芳川主
编 ; 傅增有著 . -- 北京 : 国际文化出版公司 , 2020.12

ISBN 978-7-5125-1270-2

Ⅰ . ①中… Ⅱ . ①何… ②傅… Ⅲ . ①中外关系－文
化交流－文化史－泰国 Ⅳ . ① K203 ② K336.03

中国版本图书馆 CIP 数据核字 (2020) 第 270255 号

中外文化交流史·中国泰国文化交流史

主　　编	何芳川
作　　者	傅增有
统筹监制	吴昌荣
责任编辑	侯娟雅
出版发行	国际文化出版公司
经　　销	全国新华书店
印　　刷	文畅阁印刷有限公司
开　　本	710 毫米 × 1000 毫米　　16 开
	7 印张　　　　　　　　　77 千字
版　　次	2020 年 12 月第 1 版
	2020 年 12 月第 1 次印刷
书　　号	ISBN 978-7-5125-1270-2
定　　价	45.00 元

国际文化出版公司
北京朝阳区东土城路乙 9 号　　　　邮编：100013
总编室：（010）64271551　　　　传真：（010）64271578
销售热线：（010）64271187
传真：（010）64271187－800
E-mail：icpc@95777.sina.net

目录
Contents

第一章
历史悠久的古代
中泰交往关系

　　中泰两国友好交往历史悠久，了解古代中泰交往及文化交流关系，主要依靠中国史料。这是因为，泰国缺乏用本国文字记载的历史，同时泰语文字的使用历史开始于公元 13 世纪素可泰王朝兰甘亨国王时期，加上外族入侵等方面的因素，使泰国文字史料保存下来的极少，古籍则更少见。因此，中国古籍中关于泰国的记载，以及关于中泰关系的记载，成为包括泰国学者在内的中外学者研究中泰关系及古代泰国的重要资料。丰富的中国古籍文献及现代考古研究的成果，为我们了解古代中泰交往关系及文化交流提供了可靠的依据。

汉唐与泰国早期古国的交往

　　中泰两国交往已有两千年的历史。公元初几个世纪里，在现今泰国的版图内，先后出现了许多早期的国家。这些孟人建立的国家多为城邦国家，其建立时间先后不一，但都与中国保持友好往来关系。据《汉书》卷八十三记载，公元 1 年至 5 年，西汉平帝年间，中国使者从广东乘船，经今越南、柬埔寨，渡暹罗湾，抵达泰国。《汉书·地理志》记载："自日南障塞、徐闻、合浦船行可五月，有都元国；又船行可四月，有邑卢没国；又船行可二十余日，有谌离国……民俗略与珠崖（海南岛）相类。"据中国学者考证，都元国、邑卢没国和谌离国，其中至少有一处在现今泰国境内。泰国学者黎道纲考证后认为，上述三个古国"都在今日泰境中部，古之金邻大湾内"。[①] 这说明自公元初年即已有自中国的使者到达泰国地区。

公元 230 年前后，中国三国时期，吴国曾派遣宣化从事朱应、中郎康泰出使东南亚国家，所经百数十国。在他们回国后撰写的著作《扶南异物志》《吴时外国传》中，都提到当时在泰国地区的金陈国："金邻一名金陈，去扶南可二千余里。地出银，人民多好猎大象，生得乘骑，死则取其牙齿。"[②] 表明当时已有中国人前往。金邻又名金陈，位于林阳以东的湄南河流域地区，泰文称素旺那蒲米，意为"黄金之地"。金邻是孟族人建立的古国之一，其政治中心在现今泰国的佛统、素攀、叻丕一带。暹罗湾古称金邻湾，因金邻国而得名。

---

① ［泰］黎道纲：《泰国古代史地从考》，中华书局，2000 年版第 17 页。
② 《太平御览》卷七九〇。

泰国湄南河

1855 年至 1916 年的泰国国旗 "白象旗"

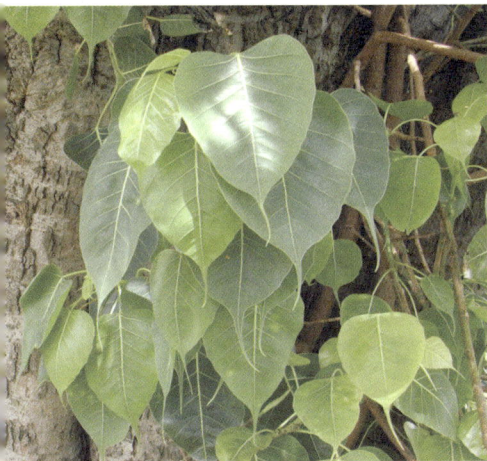

菩提树叶

公元 5 世纪前后，在现今泰国境内马来半岛地区出现盘盘、狼牙修、三佛齐、赤土等国家，处于当时中泰两国交通线路上，这些小国位于泰国南部，均和中国有交往。盘盘国与中国关系密切，在 5 世纪初，就与中国建立了朝贡关系。《新唐书》卷二二二说："盘盘，在南海曲，北距环王，限少海，与狼牙修接，自交州海行四十日乃至……贞观中，遣使朝。"盘盘国在南北朝时期的约 424 年至 464 年间，曾派遣使者访问我国刘宋政权，以后在公元 527 年、529 年、534 年又三次派使节访问梁朝。盘盘国的使臣来华时，带来了象牙、沉香、檀香、画塔、舍利、菩提树叶等礼物。直到唐朝贞观年间（627—649），盘盘使者还来过中国。[①] 狼牙修国在赤土国西面，公元 515 年曾派遣使臣阿彻多到中国访问，现今北京的中国历史博物馆中还保存着一张这位使节的画像。[②]

① 《梁书》卷五四；《新唐书·盘盘国传》。
② 段立生：《泰国文化艺术史》，商务印书馆，2005 年版第 94 页。

　　赤土国在宋卡、北大年一带，据《隋书》卷八十二"赤土"条载：隋炀帝大业三年（607），炀帝派常骏、王君政出使赤土，这是中国第一次正式遣使访问泰国地区。常骏一行自南海郡乘舟，昼夜兼程，一月余达赤土国。受到赤土国王的隆重欢迎，派船三十艘出海相迎，击鼓奏乐。赤土国王还举行盛大的宴会欢迎中国使节。常骏返回时，赤土国王命王子那邪迦携带文书和金芙蓉冠、龙脑香等礼物随同常骏回访中国。大业六年（610）春，在弘农（今河南灵宝），赤土王子及随行人员受到隋炀帝的接见和封赏。

　　约在公元6世纪，泰国中部地区出现了堕罗钵底国，中国古籍又作"杜和钵底""堕和罗"或"投和"。它位于缅甸和柬埔寨之间，是一个地域广阔，经济和政治更为发展的孟人国家，其文化艺术对后来泰国社会文化有着重大影响。堕罗钵底国是泰国历史上一个重要的国家，中国古籍中有许多关于堕罗钵底国的记载。《旧唐书》卷一九七"堕和罗传"说："堕和罗国，南与盘盘、北与迦罗舍佛、东与真腊相接，西邻大海。去广州五日行。"唐朝高僧义静于公元671年从广东出发，经海路到印度取经，并于公元695年回国。义静在其著作《南海寄归内法传》中提到"杜和钵底国"。中国和堕罗钵底国正式交往开始于唐朝，贞观十二年（638）和贞观二十三年（649），堕罗钵底国王派使节访问中国，向中国皇帝献上象牙、火珠、犀、象、白鹦鹉等礼物，应使臣要求，唐太宗赐予好马和铜钟。①

---

① 《旧唐书·堕和罗传》；《通典》卷一八八。

宋元与罗斛、清迈、素可泰的交往

公元 10 世纪前后，在现今泰国中部华富里为中心兴起一个孟族人建立的国家——罗斛国，统治湄南河中部地区。《新元史》卷二五二及《岛夷志略》"罗斛"条说："其田平衍而多稼，暹人仰之。气候常暖如春。……煮海为盐，酿秫为酒。"湄南河沿岸播种一种浮稻，"苗随水以渐而长，水尺苗也尺，水退苗熟"。描绘了罗斛国富足的景象。罗斛国既是它东面的邻国真腊的属国，又同中国宋朝、元朝有政治和贸易上的联系，当时从罗斛到福建泉州的航线上经常有商船往来。[①] 因此，宋朝曾于崇宁二年（1103）派使节出使罗斛国"说谕招纳"。宋徽宗政和五年（1115）罗斛国第一次派使臣访问中国，四十年后（1155），罗斛国第二次派使节访问中国，并赠送给中国一头大象，[②] 这是中国得自泰国地区的第一头大象。元朝与罗斛建立了友好关系，1289 年至 1299 年，罗斛国先后 5 次派使节出访元朝。公元 663 年，孟族公主占玛黛维（Chama Thevi）在泰国北部南奔地区建立哈利奔猜国，中国古籍《蛮书》称之为女人国。南诏曾派两万军队去征伐它，但被打得大败。哈利奔猜与元朝保持着友好关系，曾于 1289 年派遣使臣出使中国。1290 年哈利奔猜国被清迈王国所灭。11 世纪在泰国北部出现泰族人建立的庸那迦国，到 1296 年发展成以清迈为中心的清迈王国，后称兰那泰国。中国古籍称之为"八百媳妇国"。八百媳妇国与

---

① 赵汝适：《诸蕃志》卷上，真腊条；赵彦卫：《云麓漫钞》卷五。
② 《宋会要辑稿》第一九七册，蕃夷四。

中国元、明、清三朝均建立友好关系。元、明时期曾在此设治。1327 年，应八百媳妇国之请，元朝以其地设置了蒙庆宣慰司，[①] 从此八百媳妇国臣服于元朝。明洪武二十一年（1388）设八百宣慰司。为了适应与清迈王国交往的需要，明正德六年（1511）明代四夷馆内增设八百媳妇馆，负责翻译兰那泰文事宜。

1238 年，泰国历史上第一个泰族为主体的统一国家——素可泰王国建立，中国史书称之为"暹国"。素可泰积极发展与中国的关系，同中国的政治贸易往来十分密切。在元朝时期，仅 1297 年至 1323 年，素可泰王国的使节到中国访问达 8 次，[②] 与中国建立了朝贡式贸易关系。元朝也 3 次派使臣访问了素可泰。1282 年元世祖忽必烈派管军万户何于志、千户皇甫杰到素可泰王国访问，因途经占城时被占城王杀害而

素可泰国王

① 《新元史·八百媳妇传》。
② 参见［泰］邦奥·比亚攀：《1932 年之前的泰国历史》，欧典萨都出版社，1995 年版第 167 页；《元史》卷一九、卷二〇、卷二〇五、卷二〇六、卷八〇、卷二一〇。

未能抵达，后于 1293 年和 1294 年两次遣使访问了素可泰王国。1292 年 10 月，兰甘亨（中国史书称敢木丁）国王派遣使节到中国访问，递交友好金叶表。1293 年 4 月，元朝派使臣回访暹国。1294 年元朝使臣到达素可泰，邀请国王兰甘亨到中国访问。兰甘亨国王因故不能前来，特派王子访问中国。此后，两国关系密切，来往不断。兰甘亨国王在位期间（1279—1299），曾 6 次派遣使节访问中国。1299 年，元朝皇帝赠送素可泰国王兰甘亨"金缕玉衣"和暹国王子"虎符"。随着宋元时期中泰交往的发展，中国的生产技术也传入泰国。值得一提的是，兰甘亨国王邀请 400 名中国陶瓷工匠到素可泰开窑传艺。泰国工匠学习中国的制瓷技术后，烧制出驰名东南亚的宋加洛陶器。[1] 宋加洛陶器类似浙江龙泉窑的青花瓷器和仿宋陶器。

宋加洛陶器

---

[1] ［泰］巴帕绍·西威昆：《从黄河到湄南河》，阿玛琳出版社，2005 年版第 28 页。

宋加洛陶器

元朝时，泰国中部的阿瑜陀耶王国兴起。元朝与阿瑜陀耶王国有着友好交往。1349 年，素可泰王国臣服于阿瑜陀耶王国，在此期间，元朝与素可泰王国的政治、经济、文化交往仍在进行。

明清与阿瑜陀耶的交往

明朝建立时，正值阿瑜陀耶王朝统一泰国不久。明代初年，中国称阿瑜陀耶王国为"暹罗斛"或"暹罗"，两国关系密切。据《明实录》《明史》等记载，在明朝存在的 276 年中，明朝使节到阿瑜陀耶访问 19 次。阿瑜陀耶王朝派遣使节访问中国达 110 次，平均每两年一次。[①] 明朝第一次派使节到阿瑜陀耶是在洪武

---

① ［泰］社赛·蓬慕汶：《朝贡时期的中泰关系》，泰瓦他那帕尼出版社，1982 年版第 66 ～ 69 页。

三年（1370），即明朝建立后的第三年，派吕宗俊出使阿瑜陀耶王国。次年9月，阿瑜陀耶王国派使臣携带6头大象等贡物，随吕宗俊回访明朝。此后中泰两国使臣来往络绎不绝，阿瑜陀耶几乎每年派遣使团来中国访问，有时一年数次。这是中泰关系史上双方使节往来最频繁的时期。中国把暹罗看成最亲近的邻邦之一。自1370年暹罗对明朝首次朝贡以后不过5年，暹罗使节来访中国就达15次之多。1377年（明洪武十年）阿瑜陀耶使臣来华，明太祖朱元璋赐阿瑜陀耶国王一枚金印，上面镌有"暹罗国王之印"6个字。这是中国官方正式使用暹罗这一称呼。[1] 此前，明清两代曾多次赐予暹罗国王这种王印。1371年，明王朝把中国算制的大统历送给阿瑜陀耶王国。[2]1373年，阿瑜陀耶王国使团入贡时，向明王朝

阿瑜陀耶王国开国者乌通的雕像

---

[1]　《明实录·洪武实录》卷一一五。
[2]　《明实录·洪武实录》卷七〇、卷八五。

阿瑜陀耶王国王宫·太阳宫

赠送了泰国地图。1403 年和 1404 年，明朝曾两次向泰国提供中国的标准量衡器具。[1]

中国对阿瑜陀耶王国的访问，也以明朝初期为最多。仅 1403 年（永乐元年）一年之中，明朝就 4 次遣使出访暹罗，向阿瑜陀耶国王赐印、颁诏、馈赠礼物等。明朝永乐年间，三宝太监郑和访问泰国，进一步加深了两国人民的相互了解和友好关系。在郑和七次下西洋航行中，曾三次到达泰国。第一次在公元 1407 年，即郑和第二次下西洋。郑和曾为暹罗与满拉加等国解决矛盾纠纷。第二次出访泰国是在公元 1409 年，即郑和第三次下西洋。第三次在 1431 年，即郑和第七次下西洋。每次郑和率领的船队都在 2 万人以上，郑和曾到达阿瑜陀那王朝首都——阿瑜陀耶城，受到了友好的接待。郑和船队还在泰国与当地人做一些生意，进行易货交易。郑和的万人船队的访问活动在泰国地区产生了很大的影响，留下了许多传说，至今在泰国还有以郑和名字命名的三宝港和三宝庙等古迹。阿瑜陀耶城华侨将帕南车寺改称三宝公庙，以纪念郑和。寺门上端悬一巨匾，上书"三宝佛公"四个中文大字，门旁有两副中文对联。[2] 故明人张燮在《东西洋考》"暹罗"条中说："三宝庙，在第二关，祀太监郑和。"随同郑和一起下西洋的马欢、费信、巩珍等人，利用亲身见闻，写成《星槎胜览》《瀛涯胜览》《西洋番国志》等游记著作，真实地记录了当时泰国的自然风光

[1]　[泰]社赛·蓬慕汶：《朝贡时期的中泰关系》，泰瓦他那帕尼出版社，1982 年版第 124 页。
[2]　[泰]谭国安：《导游泰国——中部》，暹罗中文出版社，1999 年版第 126～127 页。

及风土人情。郑和对泰国的 3 次访问，进一步增进了中泰友谊，是中泰关系史上的一件大事。

中国明朝从洪武元年（1368）建立，到崇祯十七年（1644）灭亡，在泰国正是阿瑜陀耶王朝二世拉梅萱至二十五世王帕昭巴塞通在位期间，两国官方交往主要依靠阿瑜陀耶王朝对明朝的朝贡和明朝派使节到暹罗进行所谓的"抚谕"来维系。朝贡本是中国古代诸侯定期朝见天子，贡献方物，表示诚敬臣服的制度。到明朝时期，泰国的朝贡已经不是最初的含义了。它已经变为泰国与中国政府进行政治交往的一种外交手段，经济互利的一种官方贸易形式，人员与文化交流的一条重要途径。明朝与暹罗的频繁的使节往来，除政治上相互支持外，其主要目的是开展贸易。明代初年，中国实行"海禁政策"，严禁私人同海外各国进行贸易，也禁止外国商船来华通商。因此，阿瑜陀耶王国通过频繁遣使，利用同明朝的密切关系，通过"朝贡贸易"方式，获得当时国际市场需求最大、利润最高的生丝、丝绸和瓷器等物品。而中国从"贡品"中获得一些沉香、苏木、犀角、象牙、翠竹、花锡等宫廷消费品。明朝皇帝为显示堂堂大国之风，对来"朝贡"者照例都"加倍赏赐"，此外，还允许贡使带货物到中国出售，也允许他们购买中国货物带回去。而且，这些贡使还享有"俱免抽分"的免税优待。①明朝的各种优待、朝贡贸易给暹罗带来很大的经济利益。以槟榔为例，在暹罗收购价格每担 6 钱，运到中国就值 4 铢。这对阿瑜陀耶王室产生了极大的吸引力，致使他们更加频繁地"朝贡"。

---

① 中山大学东南亚研究所：《泰国史》，广东人民出版社，1987 年版第 64 页。

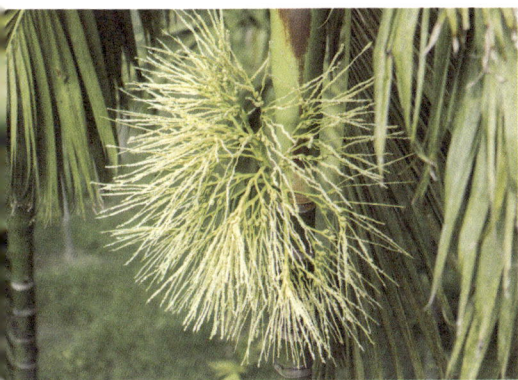

槟榔树

由三年一贡变成一年三贡。贡使不绝，相望于途。每次朝贡，暹罗贡使携带的物品数量巨大。例如，洪武二十年（1387）一次朝贡的贡品，就贡胡椒1万斤，苏木10万斤。[①] 洪武二十三年（1390）所带贡品中的苏木、胡椒、降香三项达17万斤之多。[②] 至明朝永乐以后，海禁开始废弛，中泰民间贸易得到发展，阿瑜陀耶国的朝贡才逐渐减少，渐渐被民间贸易所代替。

1644年，清王朝建立，清朝与阿瑜陀耶王朝仍保持着密切交往。清朝初年，除维持中泰两国官方的朝贡贸易外，又正式开启了中泰之间的大米贸易。雍正七年（1729）准许各省商民和闽省一样到暹罗贩米。乾隆年间鼓励商民进行大米贸易，不仅免其船税，还"对运米两千石以上者赏给顶戴"。[③]

① 《明实录·洪武实录》卷一八三。
② 同上，卷二一〇。
③ 《清实录·世宗实录》卷八〇；《清实录·高宗实录》卷二〇〇；《清文献通考》卷二九七。

清朝与吞武里王朝、曼谷王朝的交往

1767 年，泰国人民在华人爱国民族英雄郑信（泰人称帕昭达信、披耶达信）的领导下驱逐了缅甸侵略军，恢复了国家独立，建立了吞武里王朝（1767—1782），郑信为国王。虽然吞武里王朝仅存在 15 年，但郑信十分注重与中国清朝建立和发展友好关系。1768 年 7 月，在吞武里王朝建立后不久，郑信委托华商陈美生转交给清政府一份国书，告知自己即位经过，请求清政府敕封。但由于清朝政府不了解暹罗国内情况，视郑信王为篡权者，拒绝了郑信王的要求。^①尽管清朝坚持不承认郑王为暹罗合法的国王，但郑信并不灰心，仍继续向中国表示友好诚意。当时，中泰两国同时与缅甸处于战争状态，缅甸雍籍牙王朝实行南侵暹罗、北扰中国的政策。1771 年 8 月，郑信命人将缅甸俘虏泻都燕达等解送北京。乾隆皇帝指示两广总督李侍尧："不必概付不签，绝之太甚。自应即以该督之意，酌量赏给缎匹。"^②从此，清政府开始改变对吞武里王朝的态度。吞武里王朝主动采取措施促进两国关系发展：1772 年送粤省海丰县民陈俊卿等眷口回籍；1772 年送还被缅军俘虏的滇兵赵成章等 19 人；1777 年押送缅俘霭呵等来粤。^③清朝政府为郑信的友好表示所感动，并看到郑信王确已成为泰国的统治者，乾隆皇帝遂决定承认这一现实，修改对吞武里王朝的政策，承认郑信为一国之君，并破例允许暹罗来中国购买军需物资。

---

① 《清实录·高宗实录》卷八九一。
② 《清实录·高宗实录》卷一一四〇。
③ 《清实录·高宗实录》，卷九一五、卷九九〇、卷一〇三七。

1777 年 7 月，郑信派使节到广东，呈书清朝，请求与中国建立正式关系。乾隆皇帝表示同意。1781 年 5 月，郑信派出一个包括王子在内的庞大的使团访问中国，使团分乘 11 艘大船，满载象牙、犀角、苏木、藤黄、胡椒等货物。次年正月抵达北京。乾隆皇帝在"山高水长"为吞武里王朝使团举行隆重的欢迎宴会，还赐长蟒缎和珍贵礼物给使团。当使团回到泰国时，郑信已被杀死，吞武里王朝已被曼谷王朝所取代。使团从中国购回的大量建筑材料，被用来修建曼谷的新王宫。[①] 吞武里王朝与清王朝的关系，虽然经历了一些波折，通过郑信的努力，终于恢复和发展了中泰两国的传统友谊，并为尔后的曼谷王朝奠定了与中国发展友好关系的基础。

1782 年曼谷王朝拉玛一世登基后，即派使节来华，致书清政府，告知王朝变更情况，拉玛一世自称是郑信的儿子郑华，表示要继承吞武里王朝的国策，

郑信雕像

---

① ［泰］巴帕绍·西威昆：《从黄河到湄南河》，阿玛琳出版社，2005 年版第 41 页。

与中国发展友好睦邻关系。以后，拉玛二世王称郑佛，拉玛三世王为郑福，拉玛四世王为郑明，与中国保持朝贡关系。[①]1782 年至 1853 年曼谷王朝先后派遣 54 个使团访问中国，仅拉玛一世王在位期间，共派出 18 个使节团，平均几乎每年来华一次。在 1840 年鸦片战争以后，曼谷王朝还 4 次遣使来华朝贡。据泰文文献记载，曼谷王朝初期在同中国的贸易中所获得的利润高达百分之三百。[②]泰国通过朝贡与清政府保持密切的关系，同时，泰国王室由此获得大笔财富。这种所谓的"朝贡"，实质上是朝贡贸易关系。因为清朝政府以上国自居，对进贡者往往给予超过贡品价值很多倍的赏赐，所以，虽说"朝贡"，实则贸易，而且是有利于暹罗的贸易。暹罗几乎每年都有贡船来华。除正贡船外，还有副贡船、探贡船，一年多达数

拉玛一世画像

---

① ［泰］社赛·蓬慕汶：《朝贡时期的中泰关系》，泰瓦他那帕尼出版社，1982 年版第 144 ～ 145 页。

② ［泰］颂萨·占迪洛：《泰国从封建制到资本主义》，载《法政大学学报》1982 年 6 月号，第 53 页。

次。暹罗的官吏和华侨商人都有贸易帆船定期来往于中泰两国之间。根据拉玛二世时期的统计数字，暹罗官吏有帆船 25 艘，华侨有 48 艘。拉玛二世（1809—1824）时期约有 86% 的暹罗商品运往中国销售。而来自中国的商船也超过了所有进入暹罗的外国商船的总数。华侨在中泰贸易中扮演着重要的角色。当时泰国对外贸易的官员、贡使，乃至通事、船夫、船工、水手等，大都由福建、广东籍华侨担任。在曼谷市然那瓦寺（海船寺）内矗立着一座高大的中国式大帆船雕塑，这是拉玛三世为了表彰华侨和大帆船在中泰关系及对外贸易中所创建的不可磨灭的功绩，为了子孙后代永远观瞻大帆船而谕令修建的。①

1840 年鸦片战争以后，随着西方列强对中国和东南亚国家的侵略，中国逐步沦为半封建半殖民地国家。泰国虽然保持了形式上的独立，实际上也遭到了同样的命运。西方势力涌进泰国，西方列强对泰国的争夺和掠夺进一步加剧，泰国必须实行改革，才能维护国家独立和封建君主制度的统治。于是自 19 世纪中叶起，泰国王室便开展了自上而下的改革，尤其拉玛五世朱拉隆功国王进行重大社会改革，增强了泰国力量，为泰国社会、经济发展奠定了基础。这一时期，中泰关系发生了变化。1852 年以后，曼谷王朝逐渐停止了对清朝的"朝贡"活动。②1869 年（同治八年）曼谷王朝拉玛五世派使臣访华，要求废除朝贡，未获清朝政府同意。

---

① ［泰］巴帕绍·色咸坤：《华人对曼谷王朝初期对外贸易的贡献》，载《皇恩荫庇下的华人两百年》，经济之路出版社，1983 年版第 92 页。

② ［泰］社赛·蓬慕汶：《朝贡时期的中泰关系》，泰瓦他那帕尼出版社，1982 年版第 166 页。

后来泰国要求订立中泰商约，清政府亦不同意。19世纪70年代以后，暹罗没有遣使访华，清政府也没有派遣使者到曼谷。自此，中泰两国政府之间的关系中断。尽管如此，中泰两国人民之间的交往仍在进行，沿海人民大量流入泰国，带去了较高的生产技能和吃苦耐劳的精神，为泰国的经济和社会发展、为中泰传统友好关系做出了贡献。

朱拉隆功登基，摄于 1873 年 11 月 16 日

清末之年，在 1903 年后，中国民主革命先行者孙中山先生曾先后三次到泰国，宣传资产阶级民主思想。1908 年第三次到曼谷，他在唐人街耀华力路演讲，激励泰国华侨的革命热情，一些华侨为辛亥革命提供了经济上的援助。[①] 受孙中山先生革命思想影响，1912 年泰国一些青年军官准备发动政变推翻封建君主专制统治，由于有人告密，这次政变失败了，但它对泰国 1932 年推翻封建君主专制，建立君主立宪制的资产阶级革命，起了巨大的促进作用。

---

① 梁源灵：《泰国对外关系》，广西人民出版社，1998 年版第 181 ～ 182 页。

第二章

丰富多彩的

中泰文化交流

中泰文化交流的历史悠久，交往频繁，内容丰富，领域广泛，其中涉及物质文化、精神文化、制度文化等各个层面的文化交流。

物质文化方面的交流

中泰两国在手工业、造船、制陶及农业等生产技术和科技方面有着广泛的交流，中国古代先进的生产技术传入泰国，极大地促进了泰国经济和社会的发展。

1. 农业

泰国是以农业立国的国家，移民泰国的华侨带来了先进的农业耕作技术，运用到各种农业生产中，促进了稻米、橡胶、烟草等经济作物的生产，提高了它们的产量。19 世纪初，泰国地旷人稀，华侨不避艰辛，披荆斩棘，前往垦殖，开辟农田，经营商业，将荒无人烟之地逐步开辟成城镇。他们从事种植，发展商业性农业，以供市场及外贸的需要。当时在泰国中部、东南部和西南部的农村，已有相当数量的以潮州人为主的中国人在该地区定居，以种植胡椒、甘蔗、棉花、水果和蔬菜为生，同时也种植稻谷。潮州人采用稻田的分秧移植法，种植树胶、棉花，还种蔬菜、白薯、柑橘，种花栽树等。潮州人主要从事胡椒的培植，其数量占全国总数的90％。使泰国胡椒质量超过印度尼西亚，成为泰国重要出口商品。泰国王室垄断了胡椒出口，用船把胡椒运到曼谷，然后出口到国外，中国是泰国胡椒的重要出口国。海南人引进棉花，潮州人引进甘蔗等。[①] 泰国的甘蔗种植技术是潮州人于1810年前后传入的，仅仅过了十年，便发展成泰国重要的出口农作物之一，当时有不少甘蔗大种植园分布在北柳、佛统等府。

此外，泰国的橡胶、玉米、烟草、棉花、荔枝、龙眼等经济作物和水果，也是由华侨传入泰国广为种植和发展起来的。例如，福建华侨许泗璋（1797—1882）在拉玛三世时期移居到泰国，在泰南攀牙、普吉等地经营出口贸易和矿业开采。许泗璋、许心美父子还从马来西亚把橡胶树种带到泰国南部董里府试种成功，后逐渐推广到整个泰国南部，[②] 使具有很高经济价值的橡胶发展成为泰国仅次于稻米的重要出口商品，创造出巨大的经济效益。此外他们还引进了"巴迪攀松"等其他多个树种，以及目前遍布泰国全国的许多观赏花卉和观赏树木也是由许泗璋家族由国外引入泰国的，可以说许氏家族开创了泰国橡胶业和林业的种植历史。

---

① ［泰］巴帕绍·西威昆：《从黄河到湄南河》，阿玛琳出版社，2005年版第65页。

② ［泰］沙田·占通素旺：《华人贵族：纳·拉农》，载《皇恩荫庇下的华人两百年》，经济之路出版社，1983年版第74～75页。

郑和船队的使者携带优良的茶种，交给泰国农民推广栽种，使茶成为当地人民日常生活中不可缺少的饮料。泰语中的茶、荔枝、龙眼、韭菜、芹菜等许多有关水果、蔬菜的词汇是汉语借词，可以说明这些农作物均是由中国传入的。

2. 手工业

泰国手工业生产的发展，是同中国手工业者大批移入分不开的。19 世纪以前，泰国农业与手工业尚未分开。从 1567 年开始，中国华侨手工业者带去制造铁木农具、铜铁器皿、制茶、制糖、印刷、造纸、豆类加工工艺等技术，促进了泰国手工业的发展，1833 年访问泰国的美国大使罗伯茨称赞说：泰国铜铁器皿胜过从欧洲进口的生铁器皿。[①]

19 世纪初，南渡泰国的福建人还从事制鞋、缝衣、木匠等工作。中国工匠还用金、银、铜制造工艺品，许多手工业技术也是由华侨引入的。中国高超的精美工艺传入泰国，大大丰富了泰国人的社会经济生活。

除此之外，华侨还带入中国农产品加工业，随着农产品产量的增加，一些富裕的华侨为了使产品外销，开始建立了一些农产品加工厂，最初在甘蔗种植区内建立制糖厂，如佛统、叻丕、佛丕等府，使泰国东部地区糖厂林立，利用中国的技术和泰国甘蔗原料，生产食糖。在甘蔗园和制糖厂工作的华人也相当多。以后又创建碾米厂、木材厂等加工厂。19 世纪 60 年代后，越来越多的

---

① 葛治伦：《1949 以前的中泰文化交流》，载《中外文化交流史》，河南人民出版社，1987 年版第 511 页。

泰国稻田

华商加入暹罗大米收购、碾米、贮存和销售等环节中，整个业务基本上控制在华人手中。1855 年以前，泰国出口的大米几乎全部产自华人的手工碾米厂，而碾米厂的工人又几乎全部是华人。[1]19世纪末，华商占有泰国全部对外贸易额的一半以上。在从事大米贸易的华人中，有 27.40％ 是以前的包税官。[2]

3.工程与矿业

在曼谷王朝拉玛三世、拉玛四世和拉玛五世时期，大量华侨参加泰国政府开掘河渠和修筑公路、铁路的工程及锡矿开采。这些华侨不仅为泰国提供了大量劳动力，而且带来了中国先进工程技术和管理人员。拉玛五世朱拉隆功国王推行社会和经济改革，

---

[1] ［泰］邦奥·比亚攀：《1932 年之前的泰国历史》，欧典萨都出版社，1995 年版第 220 页。
[2] ［泰］潘妮·波丽：《变革潮流中的暹罗：拉玛五世以来的泰国历史》，泰国古城出版社，1998 年版第 99 页。

仿效西方大力兴建水利、邮电、公路和铁路交通运输事业，大批华侨参加这些工程建设，许多工程项目是由华侨承包督办。例如，1900 年曼谷到东北重镇柯叻的铁路、1903 年曼谷到西南方向的铁路。1909 年泰国开始修建南线铁路，大批从广东、福建来的华侨来到泰国，投身于修筑铁路的工程中。客家籍华工负责砍除树木，清理荆棘；潮州籍华工负责挖土方，筑路基；广东华工铺垫石子。工程承包督办是广东梅县华侨谢枢泗，[①] 他承包了差旺—童颂—乌大炮—宋卡等数段工程，率领华工以周密计划、精心操作和坚韧不拔的精神，开山架桥挖隧道，按时完成路基工程，为泰南线铁路在 1917 年全线竣工做出了贡献。

　　铁路修到泰南一个小地方，谢枢泗为这新镇子定名"合艾"，火车站叫"合艾站"，泰南重镇合艾就这样诞生了。[②]1918 年南线铁路正式通车，大大促进了泰国橡胶种植和锡矿开采事业的发展。谢枢泗还在合艾镇修建 3 条马路，并沿街开设商店、兴建医院，还经营锡矿开采。为了表彰谢枢泗建筑铁路、开拓合艾的功绩，1929 年拉玛七世敕封他以男爵称号"坤宜发贞纳空"，并钦赐勋章一枚；后赐予"贞纳空"为其家族姓氏。1985 年合艾市政府在该市体育场兴建了一座巨大的谢枢泗的纪念铜像。[③] 在泰南的开拓和开发中，除谢枢泗外，对泰国交通工程做出重要贡献的还有

① 然荣：《泰南重镇合艾的开拓者谢枢泗》，载《东南亚》1986 年第 3 期，第 17 页。

② 然荣：《泰南重镇合艾的开拓者谢枢泗》，载《东南亚》1986 年第 3 期，第 18 页。

③ 泰国《中华日报》，1985 年 9 月 9 日。

合艾市鸟瞰

泰王五世柚木行宫

广东普宁华侨林玉兴（通称廊主德），① 曼谷王朝拉玛五世至拉玛七世的铁路工程项目大多是他承包、督办的。曼谷市区大部分马路、街道、桥梁、市场、戏院、仑披尼公园等建设工程，也是他承办的。

在开掘和发展泰国矿业，尤其开采锡矿过程中，华侨做出了重要贡献，其代表人物是许泗璋、许心美父子。许氏家族是泰南的早期开拓者，② 在一片荒芜的普吉、董里和拉农等府进行橡胶种植和锡矿开采，是泰国第一个从事采矿生产的华人家族，最初致力于开采和冶炼锡矿，并运到槟榔屿出售，同时经营泰南航运和贸易。许心美继承其父开采和经营锡矿的事业，为提高锡矿产量，创立了普吉通卡港机械采锡公司，1906 年获采锡特许权，开始用斗式挖泥船采锡，产量占当时泰国锡产量的 25.5％，促进了泰国锡矿业的发展和泰南经济发展。1844 年许泗璋担任拉农府税务官，后任拉农府府尹。1862 年拉玛四世敕封许泗璋为"拍耶腊达纳硕提"，这是泰国最高爵位。其子许心美、许心广及许氏家族有多人曾出任董里府、普吉府、春蓬、甲武里等府府尹（省长）之职，并有近 30 人受封拍耶、拍、銮、坤等爵位。为表彰许泗章家族开发普吉、董里、攀牙等泰南西海岸诸府做出的卓越贡献，拉玛六世王（1910—1925 在位）

---

① 马胜荣：《世界华人精英传略·泰国卷》，百花洲文艺出版社，1994 年版第 113 页。
② ［泰］沙田·占通素旺：《华人贵族：纳·拉农》，载《皇恩荫庇下的华人两百年》，经济之路出版社，1983 年版第 74～78 页。

特赐予许泗璋"纳·拉农"姓氏，[①]"纳"泰语意为"在、于"，表示地点。此后，许氏家族便改用泰国国王所赐之姓，一直沿用至今。

4.造船与航海

中国有发达的古代造船航海技术。在唐代以前，我国就已能制造大海船。明朝，郑和七次下西洋航行，就乘坐中国制造的大海船。中国造船和航海技术传到泰国，促进了泰国造船和航海业的发展。自清康熙六十一年（1722）起，清政府公开鼓励贩运暹罗大米，潮州人纷纷造船前往暹罗贩米。因泰国盛产柚木，价格便宜，所以许多中国人在泰国买木造船，然后载米回国，甚至将船货一并出售，获利成倍，也有代为泰国王公贵族建造船的。怀特在《出航中国纪》一书中指出："暹罗人的船只设计和制造均模仿中国，分不清商船队是属于中国人的还是暹罗人的。"到19世纪，中国移民进入泰国日益增多，广东省电白、徐闻一带沿海居民结伴前往暹罗从事伐木造船工作。史金纳在《泰国华侨社会历史分析》一书中指出"泰国造船匠、锡匠、铁匠等，华侨占大多数"。

1819年，拉玛二世时期泰国前往中国经商的帆船有140艘，这些商船均由中国技工在泰国制造。[②]1850年，曼谷湄南河沿岸出现许多造船坞，均按照中国大帆船建造商船。当时，泰国国王的

---

① ［泰］沙田·占通素旺：《华人贵族：纳·拉农》，载《皇恩荫庇下的华人两百年》，经济之路出版社，1983年版第74～78页。
② ［泰］巴帕绍·色威坤：《华人对曼谷王朝初期对外贸易的贡献》，载《皇恩荫庇下的华人两百年》，经济之路出版社，1983年版第92页。

造船场雇用中国人从事造船和技术复杂的工作，每年有 6 至 8 艘
商船队的大船下水。船坞内工作由一位中国木匠领导，工人大多
是泰国人。泰国不仅模仿中国先进的造船技术，雇用华侨进行建
造船舶，还把商船队交给航海技术精湛的华侨负责。当时，泰国
对外贸易的官员、贡使，乃至商船上的水手、通事大都由福建、
广东籍华人担任，除泰国内河船只外，所有远航船只几乎全由中
国人驾驶。华侨在泰国从事航海开始于 17 世纪上半叶。据记载，
每年泰国国王派出若干艘商船开往日本，进行贸易。这些船只都
是由中国人驾驶。①1767 年至 1850 年，泰国王室垄断的对外贸易
和对华的帆船贸易达到空前繁荣的程度，这与采用中国先进的航
海技术和雇用中国船员是分不开的。

泰国南部的海滩

---

① ［泰］社赛·蓬慕汶：《朝贡时期的中泰关系》，泰瓦他那帕尼出版社，
1982 年版第 162 页。

5.丝绸与陶瓷

中国的陶瓷和丝绸很早就传入了泰国，元、明、清三个朝代向泰国和东南亚国家输出陶瓷和丝绸的数量最多。丝绸是经由海路最早输入泰国地区的中国商品。宋代赵汝适《诸蕃志》提到凌牙斯加（今泰国南部）输入中国的缬绢。元代泉州成为世界著名商港，出口货物以丝、缎、绢、布为主。汪大渊在《岛夷志略》一书中记载了暹国从中国进口青布，罗斛地区则是印花布，旭丕地区是狗迹绢。这些丝绸棉布输入泰国，丰富和促进了泰国人民服饰发展。华贵绚丽的中国丝绸不仅是畅销商品，而且是中国皇帝的外交礼品。据《元史》记载，元贞二年（1296）皇帝"赐金齿、罗斛来朝人衣"，说明元朝皇帝给泰国贡使的回赐礼品不是丝织物，而是衣服。明朝送给泰国的礼物有瓷器、文绮罗帛、织金锦缎等外，还送衣服。例如，《明史》记载洪武四年（1371）"赐暹罗国王参烈昭毗牙织金、纱、罗、文绮和使者衣一袭"。明朝使节19次出访泰国，携带的礼物大多数是丝织品。随郑和下西洋的费信在《星槎胜览》里记录了中国的色绢、花绢、锦缎等丝织品传入泰国。

清代中泰之间进行频繁的朝贡贸易，暹罗向中国大量出口大米、柚木、胡椒等商品，同时不断从中国运进瓷器、茶叶和丝绸。曼谷王朝初期，从中国进口的商品主要有上等的青花瓷器、碗碟和各种丝绸。这些商品受到泰国人民的欢迎，泰国妇女喜欢用中国丝绸制作筒裙。泰国平民还常穿中国式的衣裤，开襟衣。泰国宫廷中使用的幡帷白伞、僧侣的袈裟都是用中国丝绸缝制的。据统计，拉玛二世至拉玛三世后期（1820—1850）泰国从中国进口商品从原来的 3.5 吨增加到 6 吨，贸易额增加了近两倍。①

　　中国瓷器和制瓷技术传入泰国历史久远，元代陶瓷输出，主要是青白花碗、瓦瓮、粗碗、罐壶和瓶等品种，除浙江龙泉窑出产的青白瓷外，还有江西、广东、福建等地生产的瓷器。元代的青白瓷器因其质坚、实用而受到泰国人民的欢迎。汪大渊在《岛夷志略》中记载了中国瓷器输出到罗斛（今泰国华富里）等五十多个地区。据《明实录》记载，1383 年明朝一次运往占城、暹罗、真腊等地的瓷器共有 1.9 万件。明代中国民间海外贸易发达，中国瓷器大量输出国外，明天启六年（1626）从福建港口出发到泰国的 4 艘商船，船上装载的最多的商品是陶瓷器。郑和下西洋时，曾 3 次到达泰国，费信的《星槎胜览》和马欢的《瀛涯胜览》中都记载了郑和船队把中国青花瓷器运到泰国，与当地人民交换土特产。20 世纪 70 年代，泰国考古队在暹罗湾发现多艘中国古代商船，打捞起大量中国瓷器。例如 1978 年 9 月，在湄南河出海口打捞起一艘古代沉船，船内装有十余万枚唐宋的中国铜币，以及一大批花瓶在内的中国瓷器。1983 年，在暹罗湾锡昌岛附近海底 35 米的地方，发现一艘距今五百年的中国商船，船上装的是 1619 年以前的中国瓷器及其他物品。② 由于暹罗湾及湄南河入海口经常能打捞到古船和陶瓷器，而被人们称为"海底瓷器博物馆"。从海底打捞上来的中国瓷器，有宋代泉州瓷器，但多为元、明、

---

① ［泰］参威·嘎色西里：《曼谷王朝二世王时期的帆船贸易》，载《皇恩荫庇下的华人两百年》，经济之路出版社，1983 年版第 37 ～ 38 页。

② 参见［泰］黎道纲：《泰国古代史地丛考》，中华书局，2000 年版第 56 页。

清时期的陶瓷器。

中国陶瓷工艺在 13 世纪传入泰国。素可泰王朝兰甘亨国王曾多次遣使访问中国，并带回了四五百名中国陶瓷工匠，在京都素可泰建窑烧制陶瓷器，在中国工匠的指导下，仿造磁州瓷器，开创了泰国的陶瓷业。素可泰窑又称图凉窑，[①]主要生产碗、盘、碟、罐等瓷器。鱼类图案花纹是素可泰图凉窑陶器的典型图案。上青釉后，再入窑烧制。该窑陶器底部均有支锥折断后留下的 5 个疤点，为中国烧窑的特征，通称素可泰陶器。至今，在素可泰县仍留有烧窑遗址 50 座，通称素可泰窑群。[②]到 14 世纪中，在素可泰北面宋加洛附近发现优质瓷土，素可泰窑就逐步停业生产，而在宋加洛窑烧制陶瓷器，其陶瓷与素可泰瓷器不同，类似浙江龙泉窑的青花瓷器。同时还生产其他仿宋陶器。宋加洛陶瓷以品种多、体积小、外形美、质量好而闻名东南亚各国。1377 年，阿瑜陀耶王国遣使访问中国，明太祖准许来使昭那空茵带回中国制陶工匠，到泰国开窑烧制陶瓷。

15 世纪以后，宋加洛瓷器衰落，但通过陆续移居泰国的华侨工匠，泰国不断地吸收中国先进的陶瓷烧制技术，生产泰国人民需要的白瓷器和陶器，其外形酷似中国的陶瓷产品。阿瑜陀耶王朝后期至曼谷王朝拉玛五世（1868—1910 在位），泰国王室及贵族所用瓷器均向中国定制，瓷器图案为暹罗艺术形式，但在中国

① ［泰］巴帕绍·西威昆：《从黄河到湄南河》，阿玛琳出版社，2005 年版第 29 页。

② ［泰］泰国国家文化中心：《泰国文化》，威德利帕沃出版社，1986 年版第 67 ～ 88 页。

由中国工匠烧制。近代，潮州枫溪人关佩珊，在泰国春武里府开设陶瓷厂，把正宗的枫溪陶瓷制作技术传入泰国，对泰国陶瓷业的发展贡献巨大。中国陶瓷不断输入，为泰国人提供了精致实用的生活器皿，促进了泰国陶瓷业的发展。同时，中国瓷器还是一种精美绝伦的工艺品。今天，在阿瑜陀耶城挽巴茵宫天明殿、曼谷大王宫等宫殿里陈列着名贵的明代彩瓷和花瓶，陈设在大王宫内的彩陶屏风，上面彩绘着取材于《三国演义》的故事。[①]丝绸以及泰国出土的大量中国陶瓷器，成为中泰人民友好往来和古代文化交流的历史见证。

6.中医中药

中医中药传入泰国的历史久远。中医传到泰国后，很快就同当地泰医相结合，泰医在泰语中叫"茅普班"，即"大众医生"，也用草药治病。泰医使用的药物中，中药约占30％，泰医向中医学习，采用了中医望、闻、问、切的诊断方法，从而提高了诊断的准确性。在阿瑜陀耶王朝初期，华侨在阿瑜陀耶城巴耶区出售中药药材。中医也受到泰人的欢迎和尊敬，当时泰国国王的御医也是中国人。与此同时，中国医师也吸收泰医草药，丰富草药品种。中医使用泰国草药至少有五百年以上的历史，泰国历代国王派遣的使臣所带贡物中，许多货物可以供制药使用。例如，降真香可以理气、止血、行瘀、定痛；胡椒可以解毒、温中、下气、消痰；乳香可活血、祛瘀、定痛；槟榔可杀虫、破积、下气、行

---

① 傅增有：《艺术瑰宝——玉佛寺》，载《东方文化史话》，黄山书社，1987年版第279页。

水等。李时珍《本草纲目》中提到出自暹罗、爪哇的乌参泥和苏木也可当作药物使用。我国把这些进口泰药组成医方，配成以药物命名的中药，如乳香汤药丸、调中沉香汤、胡椒汤、檀香汤等。这些药广泛应用于内科、儿科和外科的医方中，受到患者的欢迎，且至今仍在使用，极大地丰富了我国药物种类。同时，中国针灸也流行于泰国，从事针灸业的医生主要是华侨华人。

中医在阿瑜陀耶王朝和曼谷王朝时期，受到泰国王室的重视，有了较大发展。1905 年，华侨集资建立的天华医院在曼谷落成，拉玛五世朱拉隆功亲临主持了天华医院开幕仪式。[①] 地处唐人街中

泰国天华医院

① ［泰］泰国天华医院董事会：《天华医院成立八十周年纪念特刊》，曼谷，1984 年第 5 ~ 10 页。

心的天华医院，至今仍使用中医为贫苦大众医治疾病。此外，泰国还于 1911 年创办了"中华赠医所"，1950 年建立中医总会赠医所等。泰国中医界于 1928 年成立了中医组织"泰国中医总会"和"泰国联华药业公会"，后来又创建了"泰京国医针灸公会"，这些中医组织在推动泰国中医发展，使用中医为泰国广大华人、泰人治病，为中泰中医之间的医术和药物交流发挥了重要作用。

中国的太极拳和气功也由华侨传入泰国，成为华人泰人喜爱的健身运动。早晨，在曼谷伦披尼公园及其他城市公园，可以看到打太极拳、练八段锦的人。

7.建筑与雕刻

中国的建筑艺术和雕刻艺术传入泰国，其主要影响是表现在王宫宫殿、华人住宅及寺庙建筑上，即仿照中国建筑艺术和建筑风格进行建造。

泰国著名的大王宫（拉玛一世的王宫），就是由中国工匠负责建造的。大王宫由高 5 米的白色围墙环绕，仿效北京紫禁城建筑而成。大王宫内的阿玛琳宫为泰国式建筑，但所用石料大多运自中国。在大王宫 4 个宫门前，各放置一对高大的中国石狮子。在拉玛四世王、六世王寝宫的宫门两侧有一副大型中文红字对联："永保岩疆，施德化海""奠安属邑，溥仁恩邦"，字体苍劲有力。在两副对联的内侧，是八幅方形彩色中国画，有八仙过海图、观音送子图、猛虎山林图、龙飞凤舞图等。在律实宫内的每个窗扇上，都绘着中国式的彩色画，如鸳鸯荷花、喜鹊闹梅、小鹿野花、山草嬉戏等，充分体现了中国绘画和建筑

曼谷大王宫

艺术风格。

受中国建筑影响大的还有阿瑜陀耶城挽巴茵行宫,挽巴茵行宫内有一座中国式宫殿——天明殿,泰文为"威哈占伦殿",建于 1889 年。由华人拍耶初叻硕提侯爵出资修建,建成后献给拉玛五世。天明殿的外观及内部装饰均体现中国传统建筑艺术,红门绿窗,殿顶四角点缀着腾空欲飞的蛟龙。殿内是中国式雕梁画栋,地面铺着福建、广东烧制的橘黄色绘花瓷砖,桌椅、茶具和花瓶等都是中国式陈设,显得古香古色。殿的前廊悬挂着 17 面约 5 米高的屏风,上面有用中文书写的 9 首中国古诗,是拉玛六世(1910—1925 在位)谕令于 1919 年制造的。正门中央有一块用中文和泰文书写的"天明殿"匾额。[①] 殿内正中高台上摆放着中国式的拉玛五

① [泰]赛阿伦·卡诺蓬猜:《曼谷的中国艺术》,载《皇恩荫庇下的华人两百年》,经济之路出版社,1983 年版第 146 页。

世御座。该殿二层上设有三个中国式神龛，龙凤书柜里陈放着《三国演义》《列国志》等中文书籍。

移居泰国的华侨仍然按照中国的建筑形式建造住宅。例如，唐人街的三聘街至哒叻莲地区均是华人中国式砖瓦结构的平房或楼房，整座房子只有门窗是木制的。而不同于泰人的高脚屋，整体为竹木结构，四面有窗户。华人住宅前面有中式门楼和庭院，门楼上盖有瓦面门顶，院门上面绘有花卉、动物等中式艺术图案。泰国华人富翁的住宅特点是中式房屋的房顶以圆木或方木建成，房顶呈三角墙形状，一般较平矮或有少许倾斜度，与泰式又高又尖的屋顶有较大区别。华商和富人的住宅，在其木质横梁上还要

曼谷"唐人街"

雕刻许多中式花纹图案。簧利家族的宅院被视为泰国华人富翁住宅的代表。[①] 谈到泰国中式建筑，值得一提的是曼谷耀华力路、石龙军路、嵩越路和三聘街组成的"唐人街"，是曼谷华侨华人聚居区。华人在此建房开店，店铺房屋皆具中国建筑风格，字号招牌多用中泰两种文字书写。

泰国的许多寺庙建筑，或多或少地受到中国建筑艺术的影响，尤其曼谷王朝拉玛三世时期是中国艺术与泰国艺术交流相互融合的时期，拉玛三世大力提倡引进中国建筑技术，用于佛寺建设。据统计，在拉玛三世时期所建立和修缮过的 60 座佛庙中，有王子寺（Wat Ratcha Orasaram）和因陀罗寺（Wat Intar Avihan）等 15 座佛寺完全是中国式建筑。此外，其他佛寺也都吸收了中国建筑艺术。例如，1899 年建立的云石寺，建设材料采用意大利的大理石，而殿顶则类似中国的佛寺建筑，镶着琉璃瓦，玉宇飞檐，素雅洁白。而越菩寺等其他一些佛寺的装饰人物石刻是由中国大帆船运来的。王子寺位于曼谷挽坤县，该寺修建时采用中国建筑技术，该寺外观极具中国佛寺建筑风格。大雄宝殿为中式殿顶，雨檐下部分装饰彩陶，双重檐的殿顶上铺着中式琉璃瓦，上边装饰着二龙戏塔。大殿前有 3 个中国人物彩陶，人物塑像前有大石花瓶。大殿走廊入口处、天花板上绘有菊花，殿门的内侧绘有中式门神，整座佛寺充满中国寺庙建筑艺术色彩。

曼谷越菩寺中的中国人物石刻与中国建筑艺术有关的中国

① ［泰］绍·探玛威利亚：《曼谷的华人住宅》，载《皇恩荫庇下的华人两百年》，经济之路出版社，1983 年版第 324 ～ 327 页。

雕刻艺术也在很早就传入泰国，中国石刻在泰国佛寺到处可见就是明证。这些石雕艺术品有些是从中国运来的，有些是华侨华人工匠在泰国本土雕刻的，同时吸收和融合了泰国雕刻艺术。这些石刻雕塑表现了中国雕刻艺术在泰国的传播，也反映了泰国华侨华人的生活信仰。这些中国石刻雕塑和造型艺术有释迦牟尼、观音菩萨、弥勒佛、罗汉等神佛，也有八仙、福禄寿三仙、关公、仙女及中国古代文臣武将等人物石刻，还有双狮、麒麟、石龙衔玉球、马、牛、羊等动物石刻。[①] 这些中国石刻雕塑分布在泰国王宫和各地寺庙之中，数量之多，分布之广，雕刻之精美无不令人惊叹。

中国石刻是在曼谷王朝初期开始大量传入的，在曼谷著名的佛寺越菩寺、玉佛寺、素塔寺、黎明寺（华人称其为郑王庙）等佛寺内都有许多中国古代石刻雕塑，分立在石阶两旁。曼谷王朝早期的佛寺建筑有一个共同特点，就是放置一些中国式人物石刻，同时还有许多中国式佛塔，如素塔寺佛殿四周分布着 28 座中国式 7 层古塔。佛寺中的中国石刻以黎明寺最为有名，多达 304 尊。佛殿围廊石柱顶端有中国石狮，石柱上刻有芙蓉和莲花等花纹图案。有 32 尊八仙石雕，还有福禄寿三神及众多文臣武将石刻。[②] 经过二百年的风雨，黎明寺里的 304 尊中国艺术石刻像仍然整齐地排列在佛殿四周，可以说黎明寺是泰国拥有中国石刻最多、保留最

---

① ［泰］纳·那巴南：《泰国的华人与中国艺术》，古城出版社，1987 年版第 20～50 页。

② ［泰］玛诺·塔农溪：《曼谷王朝时期的中国石刻艺术》，顿奥萨都出版社，1993 年版第 135 页。

黎明寺

完美、排列最整齐的佛寺。据说，这些中国石刻是泰国商人专门从中国购回以作为佛寺装饰之用的，但更多的人则认为是泰国从中国进口商品货物重量较轻，用这些石刻作为压舱物，以保持商船的平稳。这些中国人像石刻和中国式文臣武将二百年来袍甲未解，成为中泰雕刻艺术和文化交流的见证。

玉佛寺内供奉的玉佛，按服装从左至右为热季、雨季和凉季

8.饮食

中国的各种食品自素可泰王朝时期或更远的时期就开始陆续传入泰国，阿瑜陀耶时期进入泰国的中国人大多是经营帆船贸易的商人，他们同时把中国饮食文化连同自己的生意一起带到了泰国。到吞武里王朝和曼谷王朝时期，大量华侨移居泰国，使泰国人有机会更多地接触和认识中国食品、中餐和饮食方式。中国饮食文化逐渐开始对泰国人的日常生活产生影响，许多正宗中国食品被泰人所接受，丰富了泰餐和饮食的品种。

在主食方面影响最大的是米粉、广府粥和米线。[①] 米粉，华人称"粿条"，是泰国人几乎每天都吃的食物，是对泰国人生活影响最大的中国食品。大约在二百年前，在曼谷王朝初期，米粉由华侨传入泰国，并对其制作方法、烹调方法和用料成分进行不断的改进，使之更加适合泰国人口味的需求。现今的泰国米粉有多种，如猪肉米粉、牛肉米粉、尖米鱼丸汤米粉、猪肉豆芽米粉和炒米粉等。在今日泰国，米粉已成为泰国人日常主食之一，尤其对于那些需要在外用餐的人来说，米粉成为主要选择，有时为了吃上一碗香甜可口的米粉，宁愿排队等候。传入泰国的中餐不仅有供富有阶层享受的烤乳猪、红烧鲍翅等高档菜肴，同时也有供普通工人和体力劳动者食用的粥和大米稀饭。粥（Chok）是由中国传入的大众食物，中国粥分为广府粥、猪骨粥等多种。广府粥要加入鸡蛋、肉末、鱼片、猪肝等配料，味美可口，营养丰富，是华

---

① ［泰］琵葆·派琳：《中餐对泰国饮食文化的影响》，载《皇恩荫庇下的华人两百年》，经济之路出版社，1983年版第159页。

人和泰人都喜欢食用的食物。除粥之外，大米稀饭（Khao Tom）也是由中国传入的。但它不同于粥，不加其他配料，是用白米煮的稀饭。早期卖大米稀饭的是一些华人小贩，把饭锅架在手推车上，旁边再摆上一些腌菜、咸菜、咸鸡蛋、烧猪肉和豆腐乳之类的小菜，沿大街小巷流动叫卖。时至今日，大众化中国稀饭已不仅是穷人所独享的食品，在一般饭店餐馆里也卖大米稀饭，用餐者来自不同的职业。

中国各种名菜先后传入泰国，中国菜在泰国极为普遍，华侨把中国菜和风味都带到了泰国。因泰国华侨华人以潮州人居首位，因此，中国潮州菜在泰国流传最广，品种最齐全、最受欢迎。佛跳墙、清炖鱼翅、潮州热盘等名菜，是泰国各大酒楼、饭店不可缺少的菜肴。

中国餐馆和酒楼遍布曼谷和各大城市，在这些餐馆酒楼中人们能够吃到广东菜、潮州菜、四川菜等中国各地名菜及小吃。但各家餐馆酒楼一般

泰式酸辣汤

泰式炒金边粉

只经营一两种中国菜，追求特色和独占名声的佳肴。每家餐馆酒楼的装饰各有千秋，均表现了浓厚的中国特色，都用中文大字做招牌，朱门绿窗，有的门面为中国宫殿式，有的门前放有两只中国石狮，有的门额上点缀着金龙、寿星和麒麟等装饰。各餐馆酒楼内部装修得古色古香，雕梁画栋，金碧辉煌，悬挂中国宫灯，张贴中国国画和各种字画，使用中国古式桌椅，铺着红地毯，播放中国音乐歌曲，以及彬彬有礼地穿着中式服装的男招待和穿丝绸旗袍的女招待，使顾客进入这些酒楼餐馆就置身于浓厚的中国文化氛围中。

在众多的中国餐馆中，海天楼是泰国历史最久、最有名的中国酒楼，建于 1913 年，创办人为广东梅县华侨武玉龙。[①] 海天楼的中国菜类齐全，烹调技术高超，与御膳厨齐名，其烤乳猪驰名泰国。此外，红烧鲍翅、蟹黄鱼翅、燕窝鲜汤，也是其拿手传统菜肴。泰国国王和王后十分喜爱海天楼的菜肴，每当王宫举行各种宴会和庆典时，诸如国王结婚纪念庆典、国王加冕和国王御驾外出巡视典礼时都要请海天楼的厨师掌勺做菜。海天楼为王公贵族做的拿手名菜是鱼翅汤、烤乳猪和炸乳鸽等。当外国国家元首访问泰国时，泰国政府要在海天楼订菜，招待外宾。海天楼的中国菜名扬四海。

中式糕点很受泰国人喜爱。早在 1893 年，泰国政府颁布的《皇

---

① ［泰］叁洛·素库漫：《海天楼——泰国第一中餐馆》，载《皇恩荫庇下的华人两百年》，经济之路出版社，1983 年版第 163 页。

家税则》对需要纳税的 6 类中式糕点做了规定，^① 由于中式糕点深受泰人喜爱，以至于政府不得不颁布专门税法，对这类食品征税。据考证，这些中式糕点大约在拉玛三世时代传入泰国。除人们日常食用外，中式糕点对泰国文化的影响主要表现在泰国人婚俗和祭祀仪式上。泰人的婚礼仪式上，往往要把甜月饼、云片糕、花生方糖和芝麻方糖以及其他中式糕点摆在装有槟榔的盘里，作为彩礼的一部分。月饼是受泰人欢迎的中国糕点。月饼传入泰国后，进行改造并增加了品种，使之适合泰国人口味，其中有椰蓉月饼、榴梿月饼等多种。过中秋节，吃月饼这一中国习俗，也被泰国人所接受。

泰式椰汁糕

---

① ［泰］叁洛·素库漫：《海天楼——泰国第一中餐馆》，载《皇恩荫庇下的华人两百年》，经济之路出版社，1983 年版第 159 ～ 161 页。

中国陶瓷和烧瓷技术的传入，为泰国人提供了精美实用的食器餐具。从前，泰国人用餐有用手抓食的习俗，中国的筷子和瓷汤勺传入后，给泰国人饮食习俗带来了一次变革。

精神文化方面的交流

中泰文化交流，在精神文化层面的交流包括文学、语言、教育、风俗节日、宗教、戏剧与音乐等方面的交流。

1.文学

在中泰两国交往及文化交流中，中国文学和文学作品陆续被介绍到泰国，泰国的文学和文学作品也被介绍到中国。中泰文学和文学作品的交流，加深了两国人民的相互了解，对泰国文学产生了巨大影响。中国文学和文学作品传入泰国历史较早，中国文学在泰国的流传，大致可分为四个时期，即"三国"时期、鲁迅时期、中国武侠小说时期、全面发展时期。[①]

"三国"时期是中国文学传入泰国的第一时期，始于 19 世纪初，曼谷王朝拉玛一世（1782—1809 在位）指令翻译两部中国古代通俗小说《三国演义》和《西汉通俗演义》，泰文译名为《三国》和《西汉》。拉玛一世十分喜爱《三国演义》，故指定泰国著名诗人昭披耶帕康（宏）负责《三国演义》的翻译工作，并把它作为一项王室事务而给予极大的重视。1802 年，昭披耶帕康主持翻

---

① 栾文华：《泰国文学史》，社会科学文献出版社，1998 年版第 56 页。

译了《三国演义》。[①]小说一问世，即引起了泰国社会广泛的关注，一时成为最流行的书籍。至拉玛五世时期，《三国演义》译本已再版 6 次，在泰国家喻户晓，老幼皆知。《三国演义》和《西汉通俗演义》这两部小说的翻译，揭开了中国文学在泰国流传的序幕。据丹隆亲王统计，拉玛二世至拉玛六世，中国古代通俗小说被译成泰文的共有 32 部。泰文印刷机诞生之前，中国文学著作以手抄本形式流传，流传范围有限。1865 年，第一次印刷《三国演义》时，仅印了 95 部，多流传在皇亲国戚、达官显贵手中。至拉玛六世时期泰文报刊迅速发展，多达 165 种，各家报刊竞相刊登中国小说，为中国文学作品的流传提供了良好条件。这一时期中国古代通俗小说无论是刊登的数量，还是读者的数量均创造了历史新纪录。1921 年以后还出版一些新译中国文学作品，如《聊斋志异》《卖油郎独占花魁》《骆驼祥子》《金瓶梅》《水浒传》等。

1952 年泰国作家叻察·班差猜首次翻译出版了鲁迅的《阿 Q 正传》，轰动了泰国，小说被抢购一空。1956 年再版又很快脱销。而后，鲁迅的其他作品如《狂人日记》《祝福》等也先后翻译出版。与此同时，还有中国其他作家的作品也陆续被翻译介绍到泰国。如茅盾的短篇小说《春蚕》《林家铺子》、巴金的爱情三部曲《雾》《雨》《电》、杨沫的《青春之歌》等。《阿 Q 正传》于 1974 年以后又再版 3 次，人们称这一时期为"鲁迅时期"。

1957 年，占隆·披萨纳卡将金庸的《射雕英雄传》译成泰文，

---

① ［泰］泰国国家图书馆：《曼谷王朝时期的语言与文学》，披卡内印刷公司，1982 年版第 141 页。

泰文译名为《玉龙》，出版后成为泰国畅销书。从此，金庸和古龙的其他武侠小说也陆续被翻译成泰文，各种文艺刊物和报刊纷纷刊登转载，深受泰国读者喜爱。中国武侠小说作为通俗文学在泰国受到热烈欢迎，经久不衰，还不断被改编，搬上电影银幕和电视荧屏，其影响深入泰国家庭，风靡大众。在现今泰国，提起中国功夫（武术）和少林寺，人们无不津津乐道。1985 年 4 月 9 日泰国《民意报》文章说："武侠小说成了书店里、书摊上不可缺少的书籍，武打题材充斥了文坛和影视界。"中国武侠小说的传入，极大地推动了泰国武侠文学的发展，被译成泰文的中国港台武侠小说以金庸和古龙的作品最为出名。因此，人们称这一时期为"中国武侠小说时期"，又称为"金庸－古龙时期"，也是中国文学在泰国流传的第三次高潮。

1975 年中泰建交以后，中泰文学作品及其他著作被大量翻译介绍给两国人民，无论是数量、体裁，还是内容涉及的领域方面都超过以往任何一个时期，中泰文学交流进入了全面发展时期。

中国文学在泰国流传二百年来，对泰国文学产生了巨大影响。从中国文学传入泰国的几个时期来看，"三国时期"流传的作品主要是中国古代通俗小说，它流传的时间最长，对泰国文学产生的影响也最深远。泰文的《三国演义》行文流畅优美，用语通俗易懂，形象生动逼真，因而自成一种文体，即"三国文体"，在泰国文学史上颇具地位。"三国文体"及三国人物的描写技巧被泰国文学家们仿效。有不少泰国作家的作品受到影响。泰国著名诗人顺通蒲完成于 1828 年前的长篇叙事诗《帕阿派玛尼》是受中

泰国诗人顺通蒲雕像

国文学影响最早的一部作品，如"水战"一节，拉薇公主施计火烧帕阿派玛尼船只，酷似《三国演义》中诸葛亮和周瑜设计火烧赤壁的情节。该诗中还有一段，"请来医生治伤痛，毒汁去除用刀刮，止住伤痛用药敷，黏合伤口用针缝"，显然也是借用了"关云长刮骨疗毒"的故事。"三国文体"不仅被泰国翻译工作者竞相模仿，还被泰国作家创作泰国历史小说所模仿。例如20世纪50年代，克立·巴莫亲王创作出了小说资本家版本《三国演义》和《终身宰相曹操》，影射当时的泰国政治。

泰文《三国演义》和"三国文体"已成为泰国传统文学的一

部分。1914 年，泰国皇家研究院组织一个委员会评选泰国最优秀的文学作品。结果评出 7 部作品，《三国演义》是其中一部。近百年来，泰国教育部一直把《三国演义》中的部分章节选作泰国中学语文的范本。泰国文坛历来把泰文《三国演义》推崇为散文作品的佳作、翻译作品的典范、泰国文学名著之一。

《三国演义》和"三国文体"深受泰国人民的喜爱，《三国演义》中引人入胜的故事情节，鲜明生动的人物形象和通俗易懂的语言，可谓雅俗共赏，妇孺皆知。小说中的成语常常被泰国文学作品和泰国人在日常生活中所引用。例如，"良药苦口""忠言逆耳""吉人天相""火冒三丈""有眼无珠""百闻不如一见"等，不一而足。

"金庸－古龙时期"中国武侠小说在泰国大量传播，有人用中国武侠小说的文笔创作武侠小说，使泰国武侠文学悄悄诞生。中国武侠小说更多的是对泰国人民日常文娱生活的影响，武侠影片大量出现在泰国影院和百姓家中电视屏幕上，同时，中国武侠小说及武侠电影中的一些常见语句也被人们在日常生活中所引用，如"小的不敢""小的不敢不从""小的敬您一杯""略表敬意""有恩报恩，有仇报仇""弟子罪该万死"，大学生被称为"师弟师妹"等。

2.语言

语言是人们交流与沟通的工具和桥梁。在长期交往和频繁来往中，中泰两国人民互相学习，取长补短，泰语中的汉语借词的产生，就是中泰两国文化互相交流的结果之一。

泰语中的汉语借词范围很广，按词类划分，数量最多的是名词。这些汉语借词多为与饮食和商业有关的用语。例如，饮食类：米粉、包子、面条、油条、豆腐、酱油、芹菜、韭菜、桃、荔枝、龙眼、茶等；商业类：字号、股份、公司等。另外还有椅子、桌子、柜子等日常用语。[①]

泰语中的汉语借词多为中国南方方言，即从中国潮州、客家、海南、福建等方言借词，其中以潮州话借词占了绝大多数。其主要原因：一是移居泰国的华侨中国南方诸省都有，但来自广东潮汕地区的居首位。从泰国华侨的分布来看，泰南以福建人、海南人居多，而曼谷市及泰中、泰北、泰东北的华侨多来自潮汕地区。这一地区居民移居泰国，历史早，人数多，他们移居泰国后又多从事商业，社会交际广，致使潮州话大量流入泰国社会。二是曼谷长期以来是泰国的政治、经济和文化中心，又是潮州人聚居最集中的地区。他们除经商外，还有不少人从事报刊、书籍的编辑出版等工作，有的还从事文学作品的创作和翻译工作，中国古典文学作品的译本大部分出自潮州作家和翻译家之手。因此，潮州话就大量地被引入文学作品中，并广为流传。此外，潮剧、广东木偶戏及音乐等艺术在曼谷及泰国各地有很大影响，深深扎根于泰国人民的生活中，经久不衰。上述原因造成泰语中的汉语词汇，以潮州话借词居首位。

泰语中的汉语借词，可按借入时间先后，分成早期汉语借词

---

① 傅增有：《泰语中的潮州话借词》，载《东方研究论文集》，1987 年版第 107 页。

和近代借词两类。早期汉语借词,借用时间比较久远,泰语字典不标明是汉语借词。这些词汇一般都已适应了泰语语音结构规律,完全纳入泰语语音范围。例如,路(Lu^3)、赤(Thueeak^2)、忠〔Cong^1(rak)^4〕、〔退 Thot^2(thoi^5)〕、〔识(ruu^4)cak^2〕、铺(puu^1)等。近代汉语借词多为潮州话词汇,借用年代不久远,泰语字典均标明是汉语借词。这些词还保留着明显的汉语语音特点,一听一看便可知是汉语借词。例如,豆腐乳(Tau^{3}huu^{3}yii^4)、军师(Kun^{1}suee^1)、酱油(sii^{1}iu^4)、包子(saa^{1}laa^{1}pau^1)、桃(Tho^4)、功德(kong^{1}teek^4)、斋(Chee^1)、米粉(Kuuai^{5}tiiau^5)等。

泰语中的汉语借词从借用形式上可分为全借和半借两大类。全借即无论单音节词还是多音节词,借入泰语后仍保持汉语原来的词义和语音。泰语中的汉语借词绝大部分采取此种借用方式。例如,椅子、桌子、饺子、酱油、死、白吃、茶等。半借即借用汉语词汇加上泰语固有词构成混合式的多音节汉语借词,例如,小轿车(rot^{4}keeng^5)、生死之交(phueean^{2}sii^4)、豆浆(nam^{4}tau^{3}huu^3)、鲤鱼(plaa^{1}lii^{5}huue^4)等。泰语中的汉语借词的使用范围大体分为口语、口语与书面语共用等两类,其中第二类汉语词汇在泰国社会中广泛使用,它不仅出现于口语,也出现于书面语,它们已成为现代泰语基本词汇的组成部分。大量中文词汇出现在泰语中,丰富了泰语词汇。很多汉语借词已经成为泰国人民日常语言中的基本词汇,成为泰语词汇系统中不可分割的一部分。

3.教育

随着中泰两国频繁的人员交流,大批中国人到泰国经商、定居。

有些华侨还成为贡使和翻译，被派往中国。中泰两国交往日益增多，需要培养一批精通汉语和泰语人才，同时华侨子女也需要学习汉语和中国文化，于是泰文教育和华文教育在中泰两国出现了。

中国的泰文教育历史悠久。1497 年以前，明朝开设的"四夷馆"中没有暹罗馆。中泰来往文件靠回回文（阿拉伯文）转译，很不方便。明正德十年（1515），从阿瑜陀耶王国贡使中选留几个人，在四夷馆中教授泰语，以培养更多的泰语翻译人员。1577 年，明政府聘请泰语通事握文源和暹使握闷辣、握文铁、握文贴来京教授泰语，并讲授暹罗风土人情。[①]1578 年，大学士张居正提议在四夷馆内增设暹罗馆，招收马应坤等 12 人学习泰语。这是中国泰文教育历史的开始。

第二次世界大战结束后，中国国民政府与泰国建立外交关系，1943 年，在昆明建立东方语言专科学校开设暹罗语科，招收中国学生学习暹罗语，1946 年迁到南京。中华人民共和国成立以后，东方语专的暹罗语科合并到北京大学东语系，后改为泰语专业。北京大学泰语专业是我国大学里开设的第一个泰语专业。在周恩来总理的关怀下，1964 年以后，北京外国语学院、广州外语学院、广西民族学院（今广西民族大学）等高校相继开设了泰语专业，培养泰语人才。

泰国的华文教育随着中国移民的不断增加而产生和发展。泰国华侨为了给华侨子女提供教育场所，开始兴建华文学校。谢犹荣《新编暹罗国志》记载："曼谷王朝拉玛一世在位时代（1782—

---

① 吕维祺：《四夷馆增订馆则》，玄览堂丛书本，卷一、卷七。

1809），泰国华侨在大城府阁凉区创办一所华文学校。该校有可容学生 200 人的教室……"① 此段记载说明泰国华文学校始创于 18 世纪。1851 年至 1910 年曼谷王朝拉玛四世蒙固和拉玛五世朱拉隆功在位的 60 年间是泰国华文教育的创建阶段。1908 年，同盟会人士以中华会所的名义在泰国曼谷创办华益学堂。1910 年潮州、客属、广肇、福建、海南籍华侨联合创办新民学校。同年潮州华侨又办了大同学校、南英学校。②

1910 年至 1940 年 30 年间，是泰国华文教育的发展阶段。这一时期，蒙固王和朱拉隆功王的改革，促使泰国在政治、经济和社会各个方面都有了一个很大发展，进一步吸引中国沿海贫苦农民到泰国谋生。据统计，1914 年旅泰华人已达 150 万之多，仅 1918 年至 1931 年移居泰国的中国人就有 50 万人左右。随着华侨人数的增长，华文学校日益增加，华侨五属会馆分别创办华文学校：客属会馆的进德学校、广肇会馆的明达学校、福建会馆的培源学校、海南会馆的育民公学等。③泰国政府也加强了对华校的管理与限制，1918 年颁布了《民校条例》，规定华文学校教师必须在一年内通过泰文考试方可任教。1938 年，泰国华文学校达 293 家。

第二次世界大战时期，銮披汶政府采取排华政策，摧残华文教育和华文报纸，关闭华文学校。第二次世界大战以后，泰国华

① 秦程:《泰国中文民校》，载《乐然台揭幕纪念特刊》，泰国乌隆蓬出版公司，1985 年版第 173 页。
② ［泰］阿隆·真拉攀:《泰国华文学校的过去现在和未来》，载《泰中学会十周年纪念刊》，2004 年版第 113 页。
③ 洪林:《泰国华文学校史》，泰国泰中学会，2005 年版第 6～10 页。

文学校开始恢复，并迅速发展为 500 多所。由于美苏争霸，冷战思维影响了各国，泰国政府对华侨华人采取了强制性的同化政策。1947 年，泰国政府规定所有华校教授汉语的时间每周不得超过 10 小时。1948 年 5 月 11 日，泰国教育部又宣布限制华校在各地设置的数量，除曼谷设 8 所，吞武里、清迈、洛坤、乌汶四府各 3 所外，其他各府均设 2 所。此举使全泰华文小学减少三分之一以上，华文中学全部停办，不少华校教师被迫离开了教育岗位。[①] 从此华文教育一蹶不振。尤其是中华人民共和国成立后，在国际、国内各个方面因素的影响下，泰国政府对中国持恐惧敌视的心态，对华文学校采取限制政策。直至 1975 年，中泰建交后，随着两国关系的改善，华文中小学的处境开始好转，泰国华文教育进入了一个新时期。

4.风俗节日

中国人到泰国经商或定居，也将中国的节日与风俗习惯带到泰国，融入泰国的社会。春节、元宵节、清明节、端午节、中元节、中秋节等中国传统节日传入泰国，成为泰国华人重要节日，尤其以春节最为隆重。

春节是泰国华人最重要的节日，泰人也跟着华人过春节。据记载，泰国王室也曾庆祝春节，始自曼谷王朝拉玛三世，在大王宫举行"皇家春节斋僧仪式"。华侨华人向国王奉献鸡、鸭和鹅等节日食品。国王要斋僧三天，并宴请文武大臣。泰国王室春节庆祝仪式延续至拉玛五世时期。

① 秦程：《泰国中文民校》，载《乐然台揭幕纪念特刊》，第 73 ～ 74 页。

每逢春节，泰国全国各城市张灯结彩，节日商品琳琅满目。华侨华人家家户户门上张贴对联和门神。全家要吃团圆饭、祭拜祖先、敬拜财神，去寺庙烧香拜佛，探亲访友等。华侨华人社团还要举行各种庆祝活动，每当春节来临，初一清晨，爆竹声便响起来了，身穿鲜艳的中国传统服装的舞龙舞狮队出现在街头巷尾。泰国的华人春节庆祝活动，以泰国中部城市北榄坡市最隆重、最闻名，北榄坡市华人春节舞龙会是泰国华人最大的春节庆典。届时泰国全国各地的游客蜂拥到这里观赏春节迎神游街盛会。初三晚上开始文艺表演游行，走到最前面的是身着中式武士服装、手举百面彩旗的大队，后面是由各侨人社团组织的潮州大锣鼓队、广东醒狮队、舞龙队、舞蹈队、高跷队、旱船队和大头娃娃队等。在文艺表演队伍中，最吸引人的是舞龙。长达 30 多米的金龙，由 120 多名青年分三组高举金龙舞动，金龙的精彩表演使庆祝活动达到高潮。

泰国政府和王室重视中泰友好的发展，对华侨和华人给予关照，尊重华侨华人的文化风俗。普密蓬国王和泰国王室成员多次出席北榄坡市华人春节庆典活动，观看丰富多彩的中泰民族舞蹈及充满中国文化特征的舞龙、舞狮表演。每年春节期间，泰国王室成员都亲临曼谷唐人街耀华力路主持或参加华人春节庆祝活动，观看华人的舞龙、舞狮表演，品尝华人的春节食品，向华侨华人祝贺春节。2004 年春节，诗丽吉王后、诗琳通公主身穿鲜艳的中国唐装参加曼谷唐人街耀华力路的华人春节庆祝活动，并接见华侨华人代表。[①]王室成员的参加使华侨华人受到极大的鼓舞，华侨华人从此在泰国安居乐业。

元宵节、端午节、中秋节是泰国华侨华人要庆祝的节日。在节日期间，华人要竞相向寺庙捐赠供品和香火钱。在端午节来临前夕，如果你走过耀华力路和石龙军路一带，就会看到商品摊上摆着一排排用青竹叶包成的粽子，这是人们准备在端午节出售的节日食品。中秋节时，泰国首都曼谷和各城市到处摆着各种各样的月饼，泰国月饼以广东月饼最为有名，莲蓉月饼和榴梿月饼是最受人们喜爱的月饼。泰国华人在中秋节时，要全家团聚，吃月饼庆祝节日。

泰国华侨华人也将中国婚俗带到泰国，结婚仪式一般在饭店或酒楼举行，要举办酒席，款待来宾和亲友。结婚宴会厅前面的墙上张贴着中文大红囍字，以及用中泰两种文字书写的新郎、新娘的名字，表明新人是华人。婚礼开始时，要燃放鞭炮。目前，华人婚礼也融入了泰人婚礼习俗。例如在翌日清晨，新郎、新娘按泰人习惯进行斋僧，并到佛寺中施斋，便是中泰婚俗文化融合的结果。

泰国华侨华人保留了中国人土葬习俗。华侨华人去世后要在佛寺停灵数日，亲属披麻戴孝，为死者守灵，并依照中国人习俗为死者举行功德仪式，泰人是不做功德仪式的。死者家属用中文和泰文发出讣告，通告亲友来参加功德仪式。中国式的墓碑用中、泰文刻着死者姓名和生卒日期。土葬和举行功德仪式是华人葬礼

---

① 曼谷《泰叻报》，2004年2月23日；曼谷《世界日报》，2004年2月23日。

的特有习俗。目前，在泰国华人葬礼出现中泰葬礼仪式交融的现象，多数华人死后除土葬和做功德仪式外，还依泰人习俗请和尚来诵经，为死者超度亡魂，及为死者洒水。有些华人则完全实行泰人习俗进行火葬。1995 年 9 月 11 日，泰国王太后去世后，泰国华人社团为王太后举行了中国式的功德仪式，以示哀思和敬意。[①] 这表明中国葬礼和习俗在泰国具有重要影响。

5.宗教

泰国是以佛教为国教的国家，全国 95％以上的人信奉佛教。中泰两国佛教徒交往有上千年的历史。据《梁书》《新唐书》记载，泰国南部的盘盘国曾多次派使臣访问中国，盘盘国"甚敬佛法"，公元 529 年盘盘国王遣使送贡象牙和画塔。534 年（梁中大通六年）又遣使送来菩提国舍利及画塔，并献菩提树叶等礼物。泰国中部的堕罗钵底国，在唐贞观二十三年（649）遗使来华，献象牙、

泰国小沙弥

---

① 参见《妇女杂志》（泰文），1995 年 10 月 1 日号。

火珠等礼物。唐代高僧义净法师于公元671年从广州出发，经海路到印度取经求学，访问过古代泰国，在他的著作《南海寄归内法传》中也记载了堕罗钵底国的佛教及风土人情。清代同治年间，广东高僧续行和尚等人南渡侨居泰国，与泰国僧人在同一佛寺中修行，吃斋念佛。后来，续行法师（？—约1873）在曼谷创建和主持永福寺、龙莲寺，开创了泰国华宗佛教。

华侨将中国大乘佛教带入泰国，因僧侣多为华侨华人，故名泰国华宗佛教。泰国华宗佛教创始人是广东高僧续行和尚。曼谷王朝拉玛五世期间，续行法师在曼谷华人街耀华力路建永福寺，并在石龙军路修龙莲寺，历时八载，于1871年落成，开创了华人佛寺历史。续行法师成为泰国华宗僧众的开宗祖师，拉玛五世御封续行法师为第一任泰国华宗大尊长。①第六代华宗大尊长普净法师，据说是中国律宗第19代传人。普净法师兴教扬宗，建寺修刹，1947年开山普仁寺成为泰国依律剃度受戒的第一座合法华僧寺院。从此，华僧受比丘戒者，不必再漂洋过海返回中国受戒。1954年泰国成立华宗僧务委员会，统领在泰华僧和大乘佛教寺院，普净法师为第一任主席。历代华宗尊长均由泰国僧王御封，国王封赐华宗僧爵和法扇。②1989年泰国华宗所属佛寺21座，13座在曼谷，8座在外府。华宗领袖分为华宗大尊长、副尊长、右僧长、左僧长和僧长助理等僧职，大尊长为华宗最高领袖，华宗僧务委员会为

① ［泰］乃嘎隆·德策烈：《华宗大尊长》，载《皇恩荫庇下的华人两百年》，经济之路出版社，1983年版第255～256页。
② ［泰］泰国盘谷银行：《普净大尊长传略》，嘎菲德出版社，1986年版第40页。

其常设领导机构。华宗僧众与泰国小乘佛教僧众共尊泰国僧王为泰国佛教最高领袖。

龙莲寺是泰国最著名的华宗古刹，坐落于泰京曼谷石龙军路，创建人为泰国华宗佛教创始人续行法师。曼谷王朝拉玛五世期间，续行法师在石龙军路创建华人寺院，获拉玛五世赐地建寺，华侨也竞相捐献善款，历时 8 年落成，定名龙莲寺，有泰国第一华人佛寺之誉。寺门上书有"龙莲寺"三个中文大字，大门两侧有中文对联，为典型中国式佛寺，为当时泰国最大华人佛寺，拉玛五世依照中文寺名含义赐泰名为"越玛浩甲玛腊寺"（Wat Mangkom Kamalat）。[①] 敕命续行法师为龙莲寺首任方丈及华宗大尊长，管理泰国华僧事务。1976 年在寺内修建 9 层宝塔，第一层为龙莲寺和华宗僧务委员会办公使用，其他各层为法器室、禅房及图书室等。

普门报恩寺是泰国最大的华宗佛寺，泰名"越菩曼库纳兰寺"（Wat Phomaen Khunarn）。始建于 1960 年，坐落在曼谷然那哇县沙涂巴立路。创建人为华宗僧务委员会主席、华宗大尊长、龙莲寺住持普净法师，1961 年开始施工。普密蓬国王赐寺界宽 30 米，长 40 米，1970 年落成。佛寺高大雄伟，三层飞檐，是一座黄瓦、红柱、白墙的中国式建筑，并吸收了西藏及泰国的建筑风格。其面积 1.92 万平方米，是泰国规模最大、最宏伟的华宗寺院。1970 年 6 月 26 日，泰国国王暨王后亲临参加晋升福盖大典，敕封普净

---

① ［泰］沃拉威·威他亚阿诺坤：《皇恩荫庇下的华人两百年》，经济之路出版社，1983 年版第 240～258 页。

法师为该寺开山住持。^① 目前，泰国华宗僧务委员会设于该寺，泰国华侨华人善男信女经常到该寺焚香礼佛，香火鼎盛。

在泰国的城市乡村，遍布着各种佛寺，其中也有一些中国神庙，华侨将中国神庙带到了泰国。华人的传统宗教信仰是多神信仰，除儒教、道教和佛教之外，还敬祀祖先以及敬奉各种侍护神。这种宗教信仰特点在泰国华侨华人中表现尤为突出，是泰国华人社会的一个重要特色。在泰国哪里有华侨华人哪里就有神庙。据统计，在泰国全国各地约有 1000 座神庙，几乎广东、福建、海南等南方省份的民间神在泰国都有。在这些庙宇中供奉中国神灵，其中有观音菩萨、大峰公、天后妈祖、本头公、关帝圣君等中国神灵和保护神。^② 泰国华宗佛寺、神庙、宗祠、功德堂和山庄坟场不仅体现了华侨华人独特的宗教信仰，也是华人民族文化特征和传统习俗的体现。

华侨将中国大乘佛教和其他信仰带到泰国，对泰国佛教文化产生重大影响。尽管华人信奉大乘佛教，而泰人信奉小乘佛教，但并未影响中泰宗教文化的交流，而且出现了相互交融的现象。曼谷的玉佛寺是泰国最著名的王家佛寺，寺内玉佛殿里供奉着泰国国宝碧玉佛，但玉佛寺内也有观音菩萨、仙鹤和莲花柱等中国佛教石雕艺术品。在玉佛殿前，有一组中国式佛像雕塑，中间是一尊观世音菩萨。每天，在观世音菩萨前面都跪着许多善男信女，

① ［泰］泰国盘谷银行：《普净大尊长传略》，嘎菲德出版社，1986 年版第 45 页。
② ［泰］乃嘎隆·德策烈：《华宗大尊长》，载《皇恩荫庇下的华人两百年》，经济之路出版社，1983 年版第 256 页。

泰国玉佛寺

香烟缭绕。在泰国南部洛坤府的解脱园寺大雄宝殿里，笔者发现这里除供奉观音菩萨外，还有"二十四孝""揠苗助长""画蛇添足"等中国寓言故事的壁画。在其他泰国佛寺中也有这种中泰佛教交融的现象。

中泰佛教文化交融还表现在中泰僧人着装等方面。自从拉玛五世时期，华侨在耀华力路兴建永福寺、龙莲寺开创了华宗佛教后，华僧也学泰僧穿黄色僧衣，外出时不穿长袍，改用泰式袈裟披在左肩上，再将袈裟的尾部挂上来，仍披在左肩上，也不束裤管，外出穿拖鞋；上殿诵经，穿海青，披中国式袈裟，却依照泰国风俗，赤着双脚。

6.戏剧与音乐

中国地方戏剧，主要是潮州戏和海南戏，随着华侨传入泰国，并在泰国生根开花。远在明代，就有中国戏班到泰国演出，受到泰国人民的欢迎。据记载，1675年，在阿瑜陀耶王朝一次招待法国人华尔康的宴会上就有中国戏剧表演，演员来自广东。一位法国人在旅泰日记中写道："中国戏是我爱看的节目之一，一心想到终场。暹罗人虽然听不懂，但仍喜欢看中国戏。"[①]曼谷王朝时期，因为拉玛一世喜欢看中国戏，一些皇亲国戚甚至创立自己的戏班，中国戏剧盛演不衰，受到泰国朝野和华侨的欢迎，因此，泰国潮剧团纷纷成立。20世纪初，泰国潮剧鼎盛，有"正天香""一天财""老正兴""新原和""宝顺香"等数十个潮剧团。当年曼谷的唐人街有国大潮剧班，每天日夜演出。[②]各府潮剧团经常去城镇巡回演出，有时受聘去演出春节游神会戏、元宵戏、寺庙神主寿诞戏、食斋戏、谢神戏和还愿戏等。

从前潮剧观众主要是老一辈华侨。随着社会发展，潮剧观众日益减少，因而从20世纪80年代开始，潮剧进行了巨大改革，尝试使用泰语演唱潮剧，获得成功。泰国电视台播放泰语潮剧《包公会李后》《包公训侄》和《夜审郭槐》等潮剧，吸引了千家万户的观众。[③]现在潮剧演员已不仅是华人，很多演员是泰人或泰国东北部的老族人。这表明泰国潮剧已不再是华侨华人独有的戏剧艺术，已经成为中泰文化交流的结晶，拥有更广大的泰国观众。中泰建交以后，广东潮剧团和琼剧团几乎每年应邀到泰国访问演

---

① ［泰］阿披绸·姓许：《戏剧——华人信仰的展示》，沃密德出版社，1998年版第21～22页。

② ［泰］猜奈·弯纳立：《泰国大地上的中国表演艺术》，载《皇恩荫庇下的华人两百年》，经济之路出版社，1983年版第169页。

③ ［泰］阿披绸·姓许：《戏剧——华人信仰的展示》，沃密德出版社，1998年版第110～112页。

出，受到观众的热烈欢迎。

随着潮剧和琼剧的传入，中国木偶戏和皮影戏也传入泰国。据泰国史料记载，中国木偶戏是在阿瑜陀耶王朝时期开始在泰国出现的，中国木偶戏包括潮州木偶戏、海南木偶戏和福建木偶戏。在曼谷玉佛寺的壁画中，就绘有中国木偶戏，画中的木偶由两个中国人在上面拉线操纵木偶，进行表演。

戏剧和音乐是不可分割的，随着中国戏剧在泰国的流传，促进了中国音乐在湄南河两岸流行起来。大批中国人移居泰国，同时也带去了中国乐器，如扬琴、笛子和胡琴等。在曼谷王朝拉玛三世时，在曼谷流行中国音乐"兰淘曲调"，当时一家剧团以"兰陶"命名，为"兰陶剧团"。中国歌曲逐渐影响泰国歌曲，一些泰国歌曲是从中国戏剧中繁衍而来的，一些歌曲则是参考中国歌曲曲调改写而成的。在借鉴中国歌曲曲调创作泰国现代歌曲的时代，曾有几首歌曲获得社会公众的好评，如林钟·汶纳琳演唱的《爱，要有决心》，1984 年这首歌曲又重新录制了唱片。此外，差瓦立·幢威演唱的《爱的希望》也深受人们欢迎。[①]还有一些商业广告歌曲，也是用中国曲调改编的。中泰两国音乐的交流与融汇将会长期进行下去。

---

① ［泰］普披·阿玛达雅坤：《中泰歌曲的回顾》，载《皇恩荫庇下的华人两百年》，经济之路出版社，1983 年版第 157 ~ 158 页。

制度文化方面的交流

中泰两国文化交流也有在制度文化层面的交流。为了适应中泰间的政治、经济频繁交往的需要，1371 年，中国明朝把中国算制的大统历赠送给泰国阿瑜陀耶王朝。1373 年，暹罗贡使向明朝呈送本国地图。1403 年和 1404 年，明朝应暹罗的要求，两次向暹罗提供了中国的标准量衡器具，[①] 进一步方便了两国间的商贸往来。

壮侗语族的先民原来共同生活的区域主要在岭南地区，后来才迁徙到云南和东南亚地区，我们可以将这一地区视为泰族的发源地之一。因此，泰族的一部分可能是从中国南方迁徙而来的，一部分可能就是当地的原住民。泰族与其他傣系民族在相长的时间内是生活在中国南方，长期受到华夏文化的直接或间接的影响，于是，作为中国文化之一的干支纪年法传入了建于 1238 年的素可泰王国。1833 年，蒙固亲王即后来的拉玛四世作为一名游方和尚在泰北游历时，在素可泰城遗址的荒草丛中发现了一块石碑，引起学术界的重视，这就是著名的兰甘亨石碑。兰甘亨碑以及后来发现的几十块素可泰碑铭是研究泰国历史的重要文献史料。

通过对 1292 年至 1518 年的 20 块素可泰碑铭的研究，谢远章先生发现其中 7 块使用了中国的干支纪年和纪日，是中国历法南

---

① 《明实录·洪武实录》卷八五、卷八六。

传和素可泰王朝吸收中国古代文化的明证。[①] 从碑铭上看，素可泰人很善于吸收外族的先进文化。在纪年上他们同时使用大历、小历、十二生肖纪年和干支纪年，在涉及佛教事务时还使用佛历，纪年法多达 5 种。并且使用 3 种方法纪日即阴历白分黑分纪日法、七曜星期周和干支。素可泰人把干支纪年和干支纪日明确注明是泰式或泰日。例如，1357 年 3 号碑写有"历法 1279（大历，即公元 1357 年）……泰式己酉……泰式壬寅……泰日丙申"。[②] 1361 年的 7 号碑写有"泰式辛丑年……泰式年己卯"等所谓的"泰式"或"泰日"（泰人按照泰族方式来称呼日子）。同时碑铭上还把十二生肖纪年和七曜星期周注明吉蔑式或吉蔑年、日，与泰式干支纪年、日相对应。如 1392 年 42 号碑记载"小历 754，大历 1314，吉蔑猴年，泰壬申

兰甘亨碑铭

---

① 谢远章：《从素可泰碑使用干支看泰族族源》，载《东南亚》1983 年创刊号，第 22 页。
② ［泰］总理府历史文献出版委员会：《碑铭汇编》第 1 卷，1978 年第 64 页。

年"、1379 年 102 号碑"大历 1301 年,小历 741 年……吉蔑式,水曜日,泰式戊申日"。[①] 素可泰人将吉蔑式纪年、纪日和泰族的传统纪年、纪日区别开,同时与素可泰王国北部相邻的同为泰族的兰那泰王国也将干支当作泰式。中国壮侗语族的民族也是用干支纪年、纪日,素可泰、兰那泰的泰族与西双版纳傣族等均借用古汉语来称呼干支,在十天干和十二地支的读音中明显来自古汉语。由此可以推断素可泰的干支纪年是来自汉族的干支历法。

---

① ［泰］总理府历史文献出版委员会:《碑铭汇编》第 4 卷,1970 年第 99 页。

第三章

现代中泰
文化交流

1975 年 6 月 30 日，泰国政府总理克立·巴莫亲王应周恩来总理的邀请，率领泰国政府代表团访问中国。毛泽东主席和周恩来总理会见了泰国贵宾，邓小平副总理受周总理委托同克立总理举行了会谈。7 月 1 日，周恩来总理和克立亲王分别代表两国政府签署了建交联合公报。这是周恩来总理生前签署的最后一个建交联合公报。1975 年 7 月 1 日作为中泰关系史上具有特殊意义的日子而载入史册，中泰关系进入了一个新阶段。中泰建交后，两国关系迅速发展，双方开始开展多层次的领域广泛的交往，这与东南亚地区出现的政治变化和中国实行改革开放政策有着密切关系。中泰政治关系的稳定发展，促进了中泰两国间各阶层各种关系的交往，在双方共同努力下，中泰两国在友好、平等、互利、互惠的基础上，双边关系获得全面迅速的发展。

友好关系全面发展

中泰国家领导人高度重视两国关系，不断开展高级高层次的交往，高层次的频繁交往，推动了两国合作友好关系发展。中泰建交 30 年来，两国高层领导人经常进行互访。1978 年 11 月，邓小平副总理访问泰国，这是中国国家领导人第一次访问泰国。1980 年 2 月，人大常委会副委员长邓颖超访问泰国。此后，中国国家主席李先念（1985）、杨尚昆（1991）、江泽民（1999）、胡锦涛（2003），国务院总理李鹏（1988、1990）、朱镕基（2001）、温家宝（2003），全国人大常委会委员长乔石（1993）和全国政协主席李瑞环（1995）等先后访问泰国。中国国家领导人的访问都受到泰国王室和政府的高度重视和热情友好的接待。

中泰建交以后，泰国总理克立·巴莫亲王（1975）、江萨·差玛南上将（1978）、炳·廷素拉暖上将（1980）、差猜·春哈旺（1986）、阿南·班雅拉春（1991）、川·立派（1993）、班汉·西巴阿差（1996）、差瓦立·永猜裕（1997）和他信·西纳瓦（2001）等历任内阁总理都先后率领泰国政府代表团访问中国，受到中国政府领导人的接见。尤其是泰国王室成员多次访华，诗琳通公主自 1981 年 5 月起，先后 26 次访问中国，成为中泰友好使者。王储哇集拉隆功殿下、王姐甘拉雅尼·瓦他娜公主、朱拉蓬公主也先后访问了中国。2000 年 10 月 16 日，泰国王后诗丽吉应中国国家主席江泽民邀请，代表泰国国王普密蓬访问中国。时任国家副主席胡锦涛在北京人民大会堂东门外广场举行隆重仪式，欢迎诗丽吉王后访问中国。[①]
诗丽吉王后在北京会见了中国领导人并游览了长城、颐和园和故宫等名胜古迹。诗丽吉王后访问中国是中泰关系史上的一件大事。

---

① 傅增有：《中国－泰国》，五洲传播出版社，2004 年版第 42～43 页。

这是泰国王后第一次访问中国，在泰国引起极大的反响，显示出泰国王室对中泰友谊的重视。泰国王室重要成员每次访华都受到中国国家主席、政府总理、人大常委会委员长和全国政协主席等中国国家最高领导人的亲切会见和款待，受到中国人民的热烈欢迎。泰国王室成员如此频繁地访问一个国家，在泰国历史上也是绝无仅有的，加深了中泰两国的相互了解。

中泰两国高层次的频繁交往，推动了两国合作友好关系发展，也促进了中泰两国间各阶层的交往，在双方的共同努力下，中泰两国在友好、平等、互利、互惠的基础上，双边关系获得全面迅速的发展。1997 年 7 月，泰国发生金融危机，中国政府向处于危难之中的泰国提供了 10 亿美元的金融援助。[①]1998 年中国遭受特大洪涝灾害，泰国从王室到普通百姓，开展救灾捐助活动，华侨华人更是踊跃参加。2004 年 12 月，泰国南部发生海啸灾难，中国政府和人民在慷慨解囊的同时，还派出医疗救援队和青年志愿者赴泰进行救助工作。

两国在政治、经济、文化等方面的关系更加密切，中泰双方的教育、新闻、文化、学术、工商、宗教、妇女、卫生、司法、体育、旅游、金融、贸易、警察、军事等各类代表团互访频繁，络绎不绝。这些双边、多层次的、多领域的互访是中泰交往史前所未有的，极大地促进了中泰两国在政治、经济、贸易、军事、文化、教育、科技等各个领域进行了卓有成效的合作，在地区和

---

① 胡坚：《亚洲——金融风暴后的再崛起》，经济科学出版社，1998 年版第 169 页。

国际事务中进行的协调和配合，使中泰一家亲的关系不断发扬光大。两国之间建立了全方位的睦邻互信伙伴关系，堪称不同社会制度国家睦邻友好和互利合作的典范。

1999 年 2 月，中泰两国签署了《关于 21 世纪合作计划的联合声明》，为两国友好合作关系在 21 世纪的发展确定了指导原则和发展方向，规划了蓝图。通过双方的共同努力，在 21 世纪，中泰睦邻互信的全方位合作关系必将不断迈上新的台阶。

经济合作不断扩大

中泰两国政治关系的稳步发展，为进一步发展中泰双方的经济合作创造了良好的条件，极大地促进了中泰经济合作交流关系的发展。两国在平等互利基础上，经贸领域的合作和交流不断加强和扩大，发展迅速，成果显著。

中泰建交后不久，1978 年 11 月，邓小平副总理率领中国政府代表团访问泰国，签署了中泰贸易联合委员会议定书。1978 年，中泰两国成立了政府间的经济贸易联合委员会，之后又成立了经济合作委员会和科技合作委员会，并相继签订了《中泰航海协定》（1979）、《民间航空运输协议和对方全权证书》（1980）、《中华人民共和国和泰王国政府关于对所得避免双重征税和防止偷税漏税的协定》（1986）、《贸易经济和技术合作谅解备忘录》（1997）、《海运协议及补充议定书》（1999）等。这些合作机制的建立和协议的签订，有力地推动了中泰经济合作关系的发展。①

两国经贸和投资合作不断增长，并扩大到金融、农业、工业、旅游、交通、海运、信息、环保等领域的全面合作。20世纪90年代，中泰经济合作扩展到地区经济合作，两国积极参与"10+3"合作，支持包括中、泰、老、缅四角经济合作和包括中、泰、老、缅、越、柬六国的大湄公河次区域经济合作。2003年，《关于在〈中国 – 东盟全面经济合作框架协议〉"早期收获"方案下加速取消关税的协议》签订。

中泰建交初期，两国的贸易额为2100万美元，2004年中泰贸易额达173.43亿美元，中国成为泰国第三大贸易伙伴，泰国在中国的贸易伙伴中列第14位。中泰经贸合作关系展现出广阔的发展前景。②

在中泰投资方面，泰国是东南亚国家对华投资最早的国家。1979年泰国正大集团开始向中国投资。1981年泰国企业家直接投资中国仅1项，投资额为26万美元。到1985年增加到25项，投资额为4034万美元。1985年双方签订促进和保护投资协定，1986年签订《中华人民共和国和泰王国政府关于对所得关于避免双重征税和防止偷漏税的协定》，从而保证了两国合资经营、合作生产和劳务出口等形式的经济合作顺利发展。此后泰国工商业界对中国投资迅速增加。

---

① 傅增有：《中国—泰国》，五洲传播出版社，2004年版第58～59页。
② 张辉清、张宏喜：《中泰建交二十周年》，世界知识出版社，2005年版第107页。

到 1991 年，泰国在中国的较大投资项目有 45 项之多，投资额为 12 亿美元。成为东南亚地区对华投资最多的国家之一，仅次于新加坡。到 2003 年底，泰国在中国投资的企业共 636 家，投资总额为 29.3 亿美元。①

中国对泰国的投资起步较晚，但发展较快。1986 年在泰投资合作项目仅十几项，规模较小。主要提供小型成套设备和技术转让。后逐步扩大到合资办中小型工厂和重大工程项目的合作。到 2003 中国在泰国投资项目主要为建筑、旅游公司、百货商场、进出口业务、房地产业等。泰国是中国对外投资最集中的国家之一。中国已成为泰国的主要投资对象，泰国则是中国在东南亚投资最多的国家。②

中泰在科技合作方面，已完成 100 多项科技合作项目，这些项目涉及农、林、牧、水产、轻工、工艺、医疗卫生等领域。这些合作项目促进了中泰两国经济和科技的发展。随着中泰政治、经济关系的不断发展，近年来，已从贸易投资发展到金融业务的往来，为加强中泰金融业务的联系与合作奠定了基础。为中泰贸易提供了方便，也有助于深化两国之间的密切关系。

---

① 张挥清、张宏喜：《中泰建交二十周年》，世界知识出版社，2005 年版第 107、147 页。
② 同上，第 107 页。

文化艺术交流频繁

1.文艺

中泰文化交流在中泰建交后迅速扩大，艺术界率先进行交流。1975 年 10 月，广州杂技团应邀赴泰国友好访问演出，在访问演出期间受到热烈欢迎。普密蓬国王和诗丽吉王后及王室其他成员出席并观看首场演出，克立总理和泰国议会议长会见全体演员。[①] 这是中华人民共和国成立以后，中泰两国隔绝 24 年之后，第一个访问泰国的中国艺术团。国王和王室其他成员的出席，为中国艺术团此次访问演出增添了隆重和友好气氛。广州杂技团的访问轰动了泰国，泰国人竞相观看精彩演出。1976 年 4 月，泰国艺术厅歌舞团来华访问演出，也受到中国政府、文艺界同行和观众的热烈欢迎。这两个艺术团的互访，象征着中泰两国建交后，在文化艺术方面的频繁往来的开始。

此后，中泰两国各类文化艺术友好代表团互访不断，络绎不绝。1975 年以来，中国文化艺术代表团赴泰访问的多达数百个，其中包括歌舞团、杂技团、潮剧团、木偶剧团、芭蕾舞团、越剧团、马戏团等艺术代表团。

1978 年，泰国举办亚运会，中国除体育代表团外，还派出了东方歌舞团和新闻代表团前往曼谷，中泰文化交流达到一个前所未有的新高度。中国木偶剧团、陕西木偶剧团、北京芭蕾舞团、上海越剧团、甘肃舞剧团、广东潮剧团和马戏团、魔术团、开封

---

① 傅增有：《中国－泰国》，五洲传播出版社，2004 年版第 91 页。

少林寺武术团、浙江小百花越剧团、武汉杂技团、大连歌舞团、小天使艺术团、安徽少儿杂技团、四川歌舞团、云南歌舞团、总政歌舞团、空政歌舞团、海政歌舞团等来自中国各省（市）的艺术代表团。艺术种类齐全，阵容强大，为中泰文化艺术交流做出了巨大贡献。1984 年，广东潮剧团赴泰国演出，为最大的一次慈善演出，泰国王储哇集拉隆功亲临法政大学礼堂观看演出。自1986 年起，中国作家代表团应泰国作家协会和泰国华文作家协会的邀请，每两年互访一次，进行创作方面的交流。1981 年至 2003 年，专门经营中文图书的泰国南美有限公司主办过 11 届中国图书展览会，展出中外名著、科技、文学、医药等方面的中文图书。中国工艺品、明清珍宝、秦兵马俑、陶瓷、电影摄影等展览也在曼谷举办过多次。[①]1975 年至 2003 年，泰国先后派出 21 个艺术代表团访华，涉及泰国艺术、音乐、魔术、合唱等表演艺术，包括泰国艺术厅歌舞团、泰国素瓦歌舞团等 11 个艺术团体。这些艺术代表团在中国的演出，受到中国人民的欢迎。泰国作家、画家、电影、图书协会等代表团也先后来华访问。泰国美术家、摄影家也来华举办过画展和摄影展。

1989 年 3 月，由泰国正大集团投资，与北京、上海、广东、福建等电视台合作，推出综合性专栏节目《正大纵横》，后又与中央电视台合作，把《正大纵横》改名为《正大综艺》。正大公司巧妙地把文化艺术和经贸结合起来。2005 年 12 月，曼谷中文电

---

① 泰国城市地产有限公司等：《泰中建交三十周年》，世界知识出版社，2005 年版第 149 ~ 189 页。

泰国孔剧舞蹈

台正式设立，开始播音。1996 年，中泰两国签订《中泰文化合作谅解备忘录》，2001 年签订《中泰文化合作协定》，促进两国文化合作交流进一步扩大。近些年来，两国的体育、歌舞、戏曲、新闻、出版、美术、摄影、卫生、宗教、作家等各类代表团互访不断，双边多层次、多领域的互访是中泰文化交往史上前所未有的。两国间的民族歌舞、文学、电影、音乐等文化交流活动，为两国民众带来了丰富的艺术享受，文化交流增进了两国人民的相互了解和友谊。

2.教育

1980 年，中泰两国在教育方面开始合作交流，两国政府第一次互派 3 名留学生，后来扩大到每年互派 7 名留学进修人员。中泰建交 30 年来，两国教育界的合作和人员交流不断扩大，中泰两国大学建立校际交流学校的越来越多。例如，北京大学先后与泰国朱拉隆功大学、华侨崇圣大学、法政大学签订了校际合作交流协议，同时与宋卡王子大学、诗纳卡琳威洛大学也有交流合作项目。

随着中泰两国关系和文化交流的不断发展，泰语人才需求也在增加，中国泰语教育也不断发展扩大。1993 年，云南大学、云南民族大学先后开设了泰语课程。为了促进泰语教学与科研的发展，适应中泰学术合作交流不断扩大的需要，北京大学于 1996 年 11 月 28 日成立了"泰国研究所"，它是目前中国国内唯一的一所泰国研究所。1999 年 4 月 5 日，诗琳通公主第二次访问北京大学时，欣然为北京大学泰国研究所题写了所名。[①]2001 年，上海外语大学设立泰语专业，开始了教授泰语的时代。同年，北京大学泰语专业恢复招收泰语研究生。2004 年，北京大学开始招收泰语博士研究生，它标志着中国泰语教育发展进入了一个新阶段。20 世纪 90 年代是中国泰语教育发展最快的时期，有些地方还开设泰语短训班，培养泰语导游等口语人才，许多名胜古迹旅游景点的小贩也学习说简单的泰语，它从一个侧面说明了中泰文化的交流与发展。

中泰建交以后，泰国汉语教育迅速发展。1980 年，诗琳通公主开始学习中文。诗琳通公主选择学习中国大陆流行的中文简体字和汉语拼音，开始改变泰国长期使用汉语繁体字和注音字母的状况，使泰国开始迈入使用中文简体字和汉语拼音的时代。诗琳通公主于 2001 年 2 月 14 日至 3 月 15 日，以研修学者的身份来到北京大学研修中国语言文化一个月。同年 3 月 13 日，北京大学授予诗琳通公主名誉博士学位。[②] 诗琳通公主锲而不舍的学习精神极大地激发了泰国人民学习中文和中国文化的热情，在泰国兴起了前所未有的汉语热。近 20 多年来，随着中泰关系全面的发展，泰国的华文教育迎来了生机勃勃的春天。1980 年以来，泰国诗纳卡琳威洛大学、农业大学、清迈大学等各国立大学竞相开设中文系或中文专业。朱拉隆功大学、法政大学等大学将中

---

① 傅增有：《中国—泰国》，五洲传播出版社，2004 年版第 112 页。
② 郝平、李岩松：《泰国公主在北大研修中国文化记行》，北京大学出版社，2001 年版第 23 页。

文课程从选修课程升格为主修课程，以满足学生的需求。私立
大学如曼谷的商会大学、曼谷大学朗希校区等也从中国聘请教
师，到校教授中文。

泰国朱拉隆功大学大礼堂

进入 20 世纪 90 年代，泰国大学中的中文教学发展较快。泰
国大学部 1991 年度工作报告显示，当时泰国有国立大学 20 所，
私立大学 26 所，大多数院校开没了汉语课程。1995 年，朱拉隆功
大学开设了研究班汉语课，1997 年招收了第一批汉语专业硕士研
究生；1992 年，泰国华人慈善机构华人报德善堂将其开办的曼谷
华侨医学院扩建成华侨崇圣大学，设立中文系；[1]2000 年清莱王

---

[1]　华侨崇圣大学校董会：《华侨崇圣大学揭幕纪念特刊》，华侨崇圣大学，
2004 年第 12 页。

太后大学建校不久就专门设立了一个诗琳通中国语言文化中心。2003 年 7 月该大学又成立一个泰国华教促进会，开展华校中文师资培训。

泰国华文教育发展最快的应数语言中心、私立语言学校。20 世纪 90 年代初期只有少数几家，90 年代后期如雨后春笋般地陆续成立。据不完全统计，这类学校在曼谷就有三四十所，全泰国有 200 所左右。这类语言中心多设于大型购物商场内，就读的学生众多。最早建立的东方文化书院是在 1992 年由泰国华文教育基金会创办，① 之后中华语文中心（1992）、曼谷语言学院（1998）、曼谷语言音乐学院、泰国中华语文学院、曼谷泰中语言文化学院（2003）、百姓华文学院（2004）等学校也先后建立。东方文化书院主要办各级各种汉语短期培训班，后又增办书法、绘画、诗词、古筝等中国文化培训班，学员已发展至 5000 人左右。目前已具一定规模的其他几所这种类型的学校也各具特色，如以卢森兴先生为校主的曼谷语言学院创办于 1998 年，在多个大商场开办了连锁分院，至今曼谷语言学院已发展成有 5 家分院和 10 家加盟的语言学校。泰国的远程教育是 1995 年才兴办起来的，华欣远程教育电视台 2001 年开播学汉语节目。此外，各中、小学和大学或企业也在业余开办一些级别不等的汉语补习班，为在校生和社会人士教授汉语。同时，聘请家教到家中教授汉语的情况在泰国也很普遍。虽然目前泰国的华文教育形势是令人鼓舞的。

---

① 傅增有：《泰国华文教育的现状及发展前景》，载《东方研究》天地出版社，1995 年版第 304 页。

但是，还存在师资短缺和适合泰国人学习的教材不足等问题。

近十年来，随着中泰关系不断发展，中泰签署了《关于高等教育合作谅解备忘录》，大批泰国学生到中国留学，学习中文及其他学科的人数与日俱增。2004年，泰国在华留学生2371名。[①]2005年，仅在北京语言文化大学学习的泰国留学生就达350多人。20多年来，多数来华留学的泰国学生学习汉语短期课程或汉语本科课程。目前越来越多的泰国留学生开始攻读汉语研究生课程，有些人已获得中国大学的硕士学位或博士学位。这些人回国后壮大了泰国汉语师资队伍，极大地促进了中泰两国教育和文化交流向前发展。

除此之外，两国还进行体育和体育教育方面的合作交流，中国先后派出乒乓球、羽毛球、游泳、排球等项目教练赴泰任教，帮助泰国训练培养体育人才，提高运动水平。近20年来是中泰文化教育交流史上最活跃、最广泛的时期。

3.文学

1975年，中泰建交以后，中泰文学作品及其他著作被大量翻译介绍给两国人民，无论是数量、体裁，还是内容涉及的领域方面都超过以往任何一个时期，中泰文学交流进入了全面发展时期。中国文学及其他著作如雨后春笋般地被翻译、出版，在泰国流传，在体裁方面有长篇小说、短篇小说、诗歌、散文游记等，涉及文学、政治、经济、军事、教育、哲学、饮食、医学等各个领域，多达

---

① 张挥清、张宏喜：《中泰建交三十周年》，世界知识出版社，2005年版第147页。

几百部，例如，《家》《子夜》《儒林外史》《中国短篇小说集》《毛泽东诗词》《中国古代诗选》《孔子论语》《道德经》《孙子兵法》《中国戏曲》《中国菜谱》等。另外，在这一时期泰国还出版了许多关于中国的游记，介绍中国的名胜古迹、文化艺术及风土人情。在这方面以诗琳通公主的《踏访龙的国土》为代表，诗琳通公主的《平沙万里行》《我的留学生活》等访华游记及她翻译的《王蒙短篇小说选》等作品在泰国社会各界引起巨大反响，深受泰国人民喜爱。

《踏访龙的国土》封面

在中泰文学交流方面，值得一提的是目前在泰国有一支华文写作队伍，他们的团体是泰国华人作家协会，成立于1983年，有会员百人。其主要活动为用中文从事小说、散文、诗歌、杂文、文学评论等文艺创作及中泰作品互译，在泰国各华文报刊上发表，并于1987年出版华文刊物《泰华文学》，出版了《风雨耀华力》等中文长篇小说。

值得注意的是，在此时期，泰国出现了一批描写华人生活的文学作品，其作者是泰国华裔泰文作家。较早的作品是1970年出版的牡丹的长篇小说《泰国来信》，以及友·普拉帕的《和阿公在一起》《排屋里的孩子》等，这些小说，都受到社会欢迎，并获得了泰国国家级的文学奖。20世纪90年代这类纪实性文学作品最为活跃，这反映了泰国华人对自己文化的探求和寻根的心态。

泰国文学和文学作品在近代才传入中国，中泰建交以后，尤其是在中国改革开放之后，泰国文学作品在中国的翻译、出版，超过历史上的任何一个时期，除20世纪60年代翻译出版的《魔鬼》《黑暗的生活》《向前看》等小说之外，泰国文学作品主要是在中泰建交以后翻译、出版的。其中有《四朝代》《甘医生》《夕阳》《泰国来信》《幻火》《画中情丝》《泰国传统文化与民俗》等。另外，诗琳通公主的童话集《顽皮透顶的盖珥》等作品，也在中国翻译、出版。

4.医药卫生

中医中药作为中国传统文化遗产之一，在泰国受到人们的重视。在曼谷和各大城市街头可看到用中文和泰文书写的"中药店""中医诊所"等招牌。翻开泰国报纸，也常常看到中医治疗各种疾病的消息和广告。据不完全统计，泰国现有中药店800家。这些药店不仅出售中草药，而且有坐堂医生，为患者诊病。中泰建交后，许多中药店还经销我国同仁堂等精制的"人参鹿茸丸"和"大活络丹"等名贵中成药，共达400多种。1981年由朱拉隆功大学亚洲研究所主持出版了《中医史》《中医基础学》和《实用草药》等中医著作，向泰国人民介绍中医和中医理论知识。1983年11月6日，首次中医药学术交流会在曼谷召开，同时在曼谷举办"今日中药展览会"。北京中医专家代表团参加学术讨论会，并在展览会上为泰国人义务治病。1984年后又连续举办了多次中医中药学术讨论会，使泰国人民对中医中药有了进一步的认识，促进了泰国中医药业的发展。同时，中国针灸也在泰国流行推广，许多泰国医生到北京针灸骨伤学院等医学院学习针灸，回国行医治病。泰国著名的诗丽叻医院选派医生到中国学习针灸，尔后在该院开设了针灸科。泰国人民对中医中药的需求呼声日益高涨，1995年，泰国国家研究院举办了草药培训班。

泰国诗丽叻医院

5.饮食

中国实行改革开放后，经济发展迅速，人民生活水平不断提高，人们比以往更加重视饮食和健康，这就为中泰饮食文化的交流营造了良好的社会环境。泰餐趁机进入中国饮食市场。目前，在北京、上海、昆明、广州、天津、武汉、成都等地都有泰餐馆。在北京有多家泰餐馆，例如，朝天椒泰餐馆、萨瓦迪泰餐馆、素可泰餐馆、泰合院等，给中国人民带来了正宗的泰国菜。泰餐以辣、酸、甜、鲜的特点而闻名，炸虾饼、椰味鱼辣汤等泰菜吸引了不少食客。

与此同时，在泰国曼谷和外府也有数家中国餐馆开业，大多经营川菜、粤菜。近年来，随着赴泰中国人的不断增多，在泰国出现了一些经营中国北方菜的餐馆。其中以国宾大饭店开设的北京烤鸭最为有名。1984年，该饭店聘请北京全聚德烤鸭店厨师，到曼谷开炉烤鸭。它以东南亚地区唯一正宗的北京烤鸭店为名，招揽了大批客人前往品尝中国烤鸭。

北京全聚德烤鸭店招牌

6.宗教

中国实行改革开放后，中国宗教界与泰国宗教的交流日益扩大，两国佛教界佛事交往不断。1982 年中国佛教协会副会长正果法师率中国佛教代表团访问泰国，迎奉泰国佛教界赠送的三尊铜佛像。1987 年 6 月 5 日，应世界佛教徒联谊会主席汕耶·塔玛塞的邀请，中国佛教协会会长赵朴初率中国佛教代表团赴泰国参加世界佛教学术交流会，拜会了泰国僧王帕阿里耶翁沙卡然长老。1986 年，泰国僧王代表斯里拉达纳·苏迪法师为团长的泰国佛教代表团访华，参加泰国佛教界所赠铜佛像安奉仪式。1989 年 3 月，应泰国教育部宗教局的邀请，中国佛教协会副会长刀述仁居士率团前往曼谷，参加泰国前僧王的火化仪式。[①]1995 年 8 月 28 日，泰国华宗大尊长仁得法师率团访问中国。翌年 3 月 2 日，中国佛教协会副会长静慧法师率中国佛教代表团访问泰国。

中国实行改革开放后，泰国宗教界和佛教徒不断向中国赠送泰国佛像。1984 年，中国佛教协会副会长正果法师率中国佛教代表团赴泰国参加铜佛像浇铸仪式并进行友好访问，这五尊铜佛像分别供奉在广州光孝寺、南京鸡鸣寺等寺院。1989 年 7 月 8 日，泰国赠送一尊铜佛像，名为"瓦撒牟尼"（意为功德之佛），高 3.5 米，重 50 吨，莲花座高 1 米。莲花座前面刻有泰国已故僧王的名字。佛像造型庄严，铸造精湛。随同佛像赠送的还有经橱一个、泰文大藏经一部，以及法器多件。经书和法器是已故泰国僧王准备于 1980 年访华时赠送中国的，但因病圆寂，而未能访华。

---

① 中国佛教协会：《法音》1989 年第 6 期，第 46 页。

泰国赠送的这尊释迦牟尼铜像，现供奉在北京西山佛牙舍利塔前殿。[1]

1991 年 7 月至 8 月，中国的南方及潮汕地区等 18 个省（市）先后发生了百年罕见的特大水灾。泰国华人社团组织成立"泰国侨团联合救灾机构"，发动泰华民众捐款捐物，支援中国救灾大米 3 万包和价值 50 万泰铢的药品。8 月 22 日，侨联救灾机构主席郑午楼率救灾慰问团到中国慰问灾民。泰国僧王颂德帕耶纳桑文委托郑午楼"带 15 尊佛像，赠送中国国家主席杨尚昆和国务院总理李鹏，以便安置在中国各地佛寺，求佛祖保佑中国人民消灾纳福，中国国运昌隆"。泰国僧王念念不忘，1991 年 6 月杨尚昆主席访问泰国期间，曾赠送一套珍贵的乾隆版《大藏经》给泰国，[2] 因此回赠佛像，以增进两国的佛学交流。8 月 23 日，代表团将泰国各界捐赠大米清单递交给中国红十字会。并将泰国国王亲自设计及督造的 15 尊佛像面呈杨尚昆主席，转赠灾区各佛寺供奉。[3]

除此之外，许多泰国佛教徒以个人身份向中国赠送佛像，在北京灵光寺、昆明圆通寺、广州六榕寺和北京的雍和宫等佛寺内均有泰国人赠送的泰国佛像，供中国善男信女瞻拜。

泰国佛教徒不仅向中国赠送佛像，还在中国建造泰式佛殿和佛堂。1992 年春，泰佛殿在广东潮州市开元镇国禅寺落成，该佛殿由泰国华人慈善家谢慧如居士赠资修建。[4] 泰佛殿与谢慧如先生

---

[1] 中国佛教协会：《法音》1989 年第 9 期，第 45 页。
[2] 傅增有：《中国 – 泰国》，五洲传播出版社，2004 年版第 104 页。
[3] 《人民日报》，1991 年 8 月 24 日。
[4] 余少勋：《解夏节布施特刊》，曼谷泰威信出版社，1992 年版第 3 页。

捐资建造的慧如公园相邻，占地3310平方米。泰佛殿是一座典型的泰国三层重檐式佛殿建筑，佛殿金碧辉煌，四面环山，是中国目前唯一的一座泰式佛殿。

1993年6月20日，泰国僧王智护尊者颂德帕耶纳桑文座下应中国政府邀请来华访问。[①] 僧王是泰佛教界的最高领袖，深受泰国王室、官方和人民的尊崇。僧王此次访华是泰国历届僧王对中国的首次访问。6月24日，时任国家主席江泽民在中南海瀛台亲切会见了僧王。泰国僧王在华期间先后访问了北京、西安、昆明、西双版纳等地，同中国佛教界进行了交流，受到中国政府、人民

开元寺泰佛殿

---

① ［泰］僧王秘书处：《僧王访华特刊》，丹素塔甘皮出版社，1993年版第28～70页。

和佛教徒的热烈欢迎和隆重接待。泰国僧王对中国的访问作为中泰佛教友好交流的盛事载入史册。

陕西扶风法门寺的佛指舍利是中国的佛门圣物和稀世珍宝。应泰国政府的礼请，佛指舍利于 1994 年 11 月 29 日至 1995 年 2 月 19 日赴泰国巡礼[①]。泰国派政府和佛教代表团前来我国，迎接佛指舍利前往泰国供泰国人瞻拜。当佛指舍利用专机迎奉到曼谷时，受到泰国政府首脑和佛教徒的隆重欢迎，供奉在佛教城内。中国佛指舍利受到泰国朝野上至国王下至普通民众的顶礼膜拜，前往瞻拜的善男信女络绎不绝，成为中泰两国佛教界的旷古盛事。中国佛教协会的佛指舍利护送团、护法团在泰期间受到热情周到的接待，佛指舍利赴泰瞻礼供奉揭开了中泰两国人民友好和文化交流史的新篇章。

中国的佛门至宝——北京灵光寺佛牙舍利应泰国政府礼请，于 2002 年 12 月 15 日至 2003 年 3 月 1 日赴泰国瞻礼供奉 76 天，以庆祝泰国国王普密蓬·阿杜德 75 岁寿辰。中国佛教协会先后组织护送团、护法团和迎归团赴泰国参加活动。12 月 15 日下午，佛牙舍利安抵泰国曼谷机场，受到泰国各界人士的盛大欢迎。佛牙彩车抵达曼谷佛教城时，又受到成千上万泰国信徒的虔诚迎奉。佛牙舍利在泰期间，接受 500 万人巡礼。[②] 佛牙舍利赴泰巡礼使泰国成为世界上唯一既迎奉佛指又迎奉佛牙的国家，谱写了"黄袍佛国迎佛牙，中泰友谊一家亲"的佳话。

---

① 圣辉：《中国佛教协会五十年》，中国佛教协会，2003 年，第 392 页。
② 同上，第 392 页、第 275～276 页。

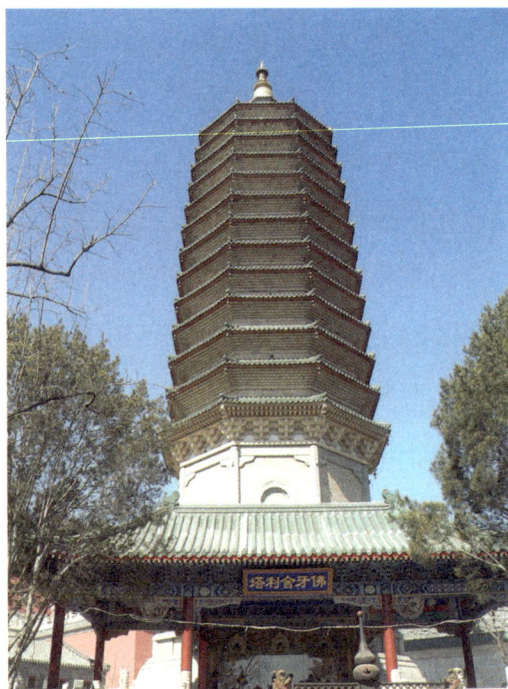

北京灵光寺的佛牙舍利塔

第四章
中泰文化交流
的因缘

中泰文化交流历史久远，交往频繁，领域广阔，硕果累累。为何两国文化交流能够成果丰硕呢？追根溯源，其原因有多种，除历史因缘外，也有地缘、血缘、社会风俗、宗教信仰等方面诸多原因。

地缘——地理相近，交流便利

中泰两国是近邻，地理相近，为两国人民往来和交流提供了有利条件。中泰两国文化交流，是通过陆路和海路两条通道进行的。

中泰两国山水相连，云贵高原由中国向泰国延伸，在泰国形成北部和西部的高山及山脉地区。流经泰国北部和东北部边境的湄公河发源于中国，其上游就是中国境内的澜沧江。从前，中泰两国国土相连，以澜沧江为界，"南属八百，北属车里（西双版纳）"。只是在一百年前，西方殖民主义者通过不平等条约——1895年法国迫使清朝政府割让原属西双版纳的勐乌、乌得两个版纳；1896年，英国又将野人山地区划入英属缅甸——①才使中泰两国边境没

---

① 梁志明：《殖民主义史·东南亚卷》，北京大学出版社，1999年版第317页。

有直接接壤，中间仅相隔200公里。自古两国之间有一条陆上重
要通道，从中国云南西双版纳跨过湄公河向南，到达泰国北部的
清迈和清盛地区。商业活动也是这一地区人口流动、民族来往、
文化交流的重要原因。早在一千年前，马帮商队就开始活跃在从
中国的四川、贵州、广西、云南到缅甸、泰国北部、老挝的山间
通道上。他们穿越崇山峻岭，在跨境地区贸易中充当重要角色，
为了贸易方便和旅行安全，有些人在马帮商队经过的村镇定居下
来。马帮商队对中南半岛北部地区民族来往和中泰文化交流具有
重要意义。公元前4世纪开辟的这条与泰国和东南亚地区国家来

西双版纳自治州首府景洪市

往的通道，被称为蜀身毒道，亦称南方陆上丝绸之路。从前，中泰两国以及同老挝、缅甸之间的官方交往和贸易往来，多走这条通道。大批云南人也沿着这条通道，通过陆路，来到泰国北部做生意或定居。这条通道至今还有行人来往不绝。

中泰文化交流的另一条重要途径就是通过海上交通线，乘船前往泰国。在历史上相当长的时间里，中泰两国通过水路进行贸易和友好往来。大帆船是重要的交通工具。每年9月至10月，华侨的大帆船从广东、福建一带起航，乘着东北季风，经过南中国海，驶进暹罗湾，木帆船顺风经过一个半月达到泰国。木帆船是联结中泰两国的纽带，它把一批批的华侨带到了泰国，也把中国的丝绸、瓷器等运到泰国，再把泰国的大米、胡椒等运回中国。大帆船在古代中泰文化交流中起着重要作用。

从地理上看，中泰两国早已结下不解之缘，山水相连，海陆通道相通。中泰相近的地理，不仅成为人民往来和联结两国文化交流的纽带，还为两国的文化交流创造了"地利"的优越条件。

血缘——中泰一家亲

泰国现有华人华侨约600多万人，占泰国总人口的12％。在泰国首都曼谷市民中，华人占40％以上。[①] 根据世界华人华侨总统计，泰国居第三位，是东南亚地区华侨华人最多的国家。

中国人到泰国经商和定居，始于宋末元初。清代和民国时期，

① 朱振明：《当代泰国》，四川人民出版社，1993年版第89页。

出现过几次中国人口大规模移居泰国的浪潮。泰国华侨大多是从中国南方和东南沿海地区移民到泰国的。祖籍为广东潮汕地区的华人约占泰国华侨华人总人口的56%，祖籍为客家籍的约占16%，祖籍为广州和肇庆地区的约占7%，祖籍为海南的约占12%，祖籍为福建的约占7%，祖籍为江苏、浙江、云南、台湾、广西的约占2%。[①]大批勤劳、谦诚、刻苦耐劳的华侨南渡重洋，到泰国定居、谋生，与泰国人和睦相处，共同开发泰国。这些华侨也把中国文化，中国的手工技术、建筑艺术、园艺栽培技术和文学艺术等带入泰国。带去了较高的生产技能和吃苦耐劳的精神，为泰国的早期开发、经济和社会的建设与发展做出了巨大的贡献。泰国华侨华人是中国文化的传入者和传播者，华侨华人在中泰文化交流中发挥了重要的不可替代的作用。可以说，华侨华人是中泰文化交流中的桥梁和纽带，是中泰文化交流的主角。

从古代到近代，中国人不断地南渡到泰国谋生和定居。初期到泰国的华侨多为单身青壮年男子，而且被当时中国政府视为"化外莠民"，不准回国。于是他们多娶当地泰女为妻。直到辛亥革命之后，移居泰国的中国妇女人数才逐渐增加，华侨与当地泰国妇女结婚人数才相对减少。值得注意的是，长期以来，泰国政府一直对华侨采取与泰人一视同仁的政策，除曼谷王朝拉玛六世时期（1910—1925）和第二次世界大战时期銮披汶执政时受到排挤外，其他时期基本上都处于安居乐业的状况。泰国王室还对上层华人

---

① 江白潮：《20世纪泰国华侨人口初探》，载《泰中学刊》，泰中学会，1994年第87页。

以及对泰国社会和经济做出贡献的华侨广泛封衔赐爵，加速了华侨的同化，促进了中泰融合，也促使中泰通婚日益增多。泰国长期流传的帕昭西南蓬国王与中国帕娘赛朵玛公主的爱情故事，[①] 以及林姑娘渡海万里寻兄的故事都是对中泰通婚血缘关系的反映。

泰国吞武里王朝国王郑信，其父郑镛是广东潮州澄海人，南渡暹罗，娶泰女诺央为妻，生子郑信。1766 年，郑信领导泰国人民进行抗缅爱国斗争，驱逐缅军，光复国土，平定内乱，建立吞武里王朝。郑信成为泰国历史上的民族英雄，受到泰国人民的景仰，被尊为达信大帝。[②] 在阿瑜陀耶王朝末期的抗缅复国战争中，成千上万的华人加入了郑信的队伍，为泰国独立复国而战斗，流血牺牲。

曼谷王朝时期，暹罗王室与华人富商之间的通婚盛行。华侨不仅与泰平民百姓通婚，还与泰国王公贵族通婚联姻。拉玛一世之父曾娶华侨之女为妻。拉玛一世的姐姐西素达公主与华商昭柯思结为夫妻，他们的女儿雯罗公主是拉玛四世的母亲。[③] 拉玛二世的王妃安帕，其父为林姓福建华侨，后在暹罗做税务官，被封"拍耶"爵位。安帕妃出生在福建，8 岁被带到泰国，9 岁入宫，习舞艺。成人后，被拉玛二世纳为王妃。她为拉玛二世生育了三位王子和三位公主。安帕妃是泰国前总理社尼·巴莫亲王和克立·巴莫亲

---

① ［泰］艾诺·纳汶蒙：《帕昭西南蓬国王与中国帕娘赛朵玛公主的故事》，载《皇恩荫庇下的华人两百年》，经济之路出版社，1983 年版第 24 ～ 25 页。
② ［泰］萨腾·素帕颂蓬：《达信大帝与暹罗华人作用》，经济之路出版社，1984 年版第 31 ～ 34 页。
③ ［泰］纳降·庞披：《泰国王室与华人移民姻缘关系》，载《皇恩荫庇下的华人两百年》，经济之路出版社，1983 年版第 40 页。

社尼·巴莫

克立·巴莫

王的曾祖母。[①]总之，泰国国王有中国血统的王妃，以及具有中国血统的泰国王子和公主及王公贵族多不胜数。

从第二次世界大战结束后，到1975年中泰建交之前的近30年时间，由于政治等方面的原因，中泰正式官方交往中断。随着时间的推移和社会的发展，华侨发生了从落叶归根到落叶生根的思想变化。中泰通婚日益增多，十分普遍。其结果是，现在泰国华人包括华裔和华侨的人数占泰国全国人口的12％。泰国华人成功地融入泰国主流社会，与泰国主体民族和睦相处，安居乐业。他们当中的一部分杰出人物已成为泰国社会名人，有的成为知名教授、医生、律师，如高梧桐（泰国律师协会主席）等；有的成为泰国经济界举足轻重的企业家，如陈弼臣（盘谷银行）、郑午楼（报德善堂）、李兴天（协成昌集团）以及武班超（泰华农民银行）、谢国民（正大集团）、苏旭明（TCC集团）等；有的

---

① ［泰］克立·巴莫：《克立说华人》，载《皇恩荫庇下的华人两百年》，经济之路出版社，1983年版第11～13页。

成为泰国著名的政治家，其中在泰国历届政府中担任总理、副总理的有数十位，如担任泰国总理的比里·帕依荣（陈璋茂）、差猜·春哈旺（陈姓后裔）、川·立派（吕基文）、班汉·西巴阿差（马德祥）、他信·西那瓦（丘达新）等。[①] 这与印度尼西亚、马来西亚等东南亚国家的华人相比，他们的社会地位和处境明显不同。其原因有多种，但其中一个重要因素就是中泰通婚。中泰通婚使中泰之间有了血缘关系，如同泰国人常说的一句话：中国人、泰国人不是外人，是兄弟。可以说没有中泰通婚，就没有"中泰一家亲"手足情深的亲密关系。中泰两国这种密不可分的亲戚般的血缘关系，为发展中泰传统友谊和促进中泰文化交流奠定了牢固的基础。

班汉·西巴阿差（马德祥）　　他信·西那瓦（丘达新）　　川·立派（吕基文）

---

① ［泰］洪林：《从史料看泰中友好关系》，载《泰中学刊》，1994年第33页。

宗教信仰相同

泰国是以佛教为国教的国家，全国95％以上的人信奉佛教。13世纪以前泰国地区流行大乘佛教。素可泰王朝建立以后，兰甘亨国王为了建立与政治独立相适应的独立文化，积极从斯里兰卡引进小乘佛教，尊小乘佛教为国教。虽然泰国人信奉小乘佛教，而华侨华人的传统宗教信仰是大乘佛教，除信奉儒释道外，还信奉关公、妈祖、本头公等各种侍护神，但这并未影响两国之间的往来和文化交流。

主要原因是他们信仰的宗教相同，尽管泰国人信奉小乘佛教，华人信奉大乘佛教，两者之间虽存在一些差异，但同属于佛教。有一点是非常重要的，那就是泰人和华人同尊释迦牟尼，共诵三藏佛经，为中泰文化交流及人民心灵上的沟通铺架了桥梁。

在现今泰国大地上，有3万座泰人小乘佛教的佛寺，也有华人大乘佛教的佛寺及诸多神祠；在中国大地上

释迦牟尼佛像，现藏于鹿野苑博物馆

也有泰式佛殿和众多的泰国佛像。笔者发现，在泰国到泰式佛寺烧香拜佛的华侨华人络绎不绝，到中式寺庙烧香拜佛的泰人也不少见；在中国到寺庙焚香礼佛的泰国游客很多，专程到普陀山等名山名寺拜佛的泰国人也络绎不绝。热心参与各种宗教活动的善男信女在他们的思想意识中已不存在泰人和华人的区别，每个人都是以善男信女的身份出现在宗教场合。这无疑扫除了中泰文化交流中的宗教障碍。

习俗与价值观相似

泰国人与中国人有相似的生活习俗和价值观，其行为方式也是大同小异。中国人以儒家学说的核心思想"仁"为处世准则，泰国人则把佛教教义的"慈悲""与人为善"作为行事的根本；中国人在民族沟通与他人交往中主张"和为贵"和"己所不欲，勿施于人"，泰国人遵循佛教的"宽恕"和古训中的"将心比心"；中国人追求"天人和一""道法自然"的境界，泰国人相信"因果报应"，追求"破执"的佛理。中国人和泰国人信守同样的忠孝信义之道，谦恭礼让之德，明哲保身之智，尊师重教之风。在伦理等方面也有许多相似之处。例如，中国的《女儿经》与泰国的《训女箴言》如出一辙。① 中国人长期受儒家学说的君君臣臣、父父子子思想的影响，泰国长期实行父 - 子家长式统治，是长幼

---

① 裴晓睿：《海纳百川贵在有容——从汉泰通婚看民族融合》，载《现代进程中的中泰关系》，世界知识出版社，2000 年版第 109 页。

有序、等级分明的国家，上下级在礼俗上不可逾越雷池半步。至
于其他风俗，虽然各有独特的文化传承，但因华人数百年来的入
乡随俗、交合融汇、互相吸纳、彼此顺随，也就形成你中有我、
我中有你的现象。在东南亚和世界其他国家，因风俗习惯的差异
而导致民族冲突，甚至爆发战争的现象时有发生。但这种情况在
泰国很少发生。这不能不说，相似的习俗和价值观对中泰人民之
间的文化交流和融合产生了巨大影响。

两国领导人倡导与支持

中泰两国的文化交流尤其是现代两国文化交流，得到中泰两
国领导人的大力支持，中国领导人毛泽东、周恩来等对中泰友好
和文化交流给予了积极的支持和促进。中泰建交以后，中泰国家
领导人高度重视两国关系，频繁开展高级高层次的交往，推动了
两国合作友好关系发展。

泰国是君主立宪制国家，国王和王室有至高无上的地位，受
到泰国人民的热爱和尊敬。中泰文化交流除得到两国政府的大力
支持外，还得到了泰国王室的倡导和支持，尤其诗琳通公主在这
方面做出了突出的贡献。诗琳通公主从 1981 年起 26 次访问中国，
她先后写了《踏访龙的国土》等 37 部书，介绍中国，传播中华文化，
使广大泰国人民得以正确认识和了解中国。诗琳通公主 20 多年锲
而不舍地学习中文，促使泰国兴起中国文化热，她是中泰文化交
流的友好使者。泰国王室成员对中泰友好关系的重视并身体力行

地推动中泰友好与中泰文化交流，在泰国产生了巨大影响。30 年来泰国王室对加深中泰两国人民的相互了解、增进中泰两国人民的友谊，推动中泰两国友好关系的发展，起到了极为重要的作用。

正如时任主席胡锦涛在 2003 年 10 月访问泰国时所讲："中国和泰国是亲密的近邻，彼此信赖的伙伴。长期以来，两国相互尊重、真诚相待、互相帮助，建立了兄弟般的传统友谊。普密蓬国王和王室成员长期热忱关心和大力推动中泰友好关系，以及为增进两国人民相互了解、深化友谊做出了重要贡献。"①

在 21 世纪初的今天，华侨乘帆船冒险渡海南下泰国谋生，已成为历史。现今中泰之间已经开通空中航线，极大地方便了两国之间的往来。时代不同了，但由两国人民共同建立起来的近两千年的友好关系将继续发展，源远流长的中泰文化交流，如湄南河，似长江水，将永不停息，不断发展。在 21 世纪，中泰两国在政治经贸合作往来会更加密切，两国文化交流将会更加频繁，定将结出更加丰硕的果实。

---

① 《人民日报》，2003 年 10 月 18 日。

主要参考文献：

1.［泰］沃拉威·威他亚阿诺坤：《皇恩荫庇下的华人两百年》
（1～2）册，经济之路出版社，1983年版。

2.［泰］邦奥·比亚攀：《1932年之前的泰国历史》，欧典萨都
出版社，1995年版。

3.［泰］泰国国家文化中心：《泰国文化》，威德利帕沃出版社，
1986年版。

4.［泰］巴帕绍·西威昆：《从黄河到湄南河》，阿玛琳出版社，
2005年版。

5.［泰］社赛·蓬慕汶：《朝贡时期的中泰关系》，泰瓦他那帕
尼出版社，1982年版。

6.［泰］潘妮·波丽：《变革潮流中的暹罗：拉玛五世以来的泰
国史》，古城出版社，1998年版。

7.张挥清、张宏喜：《中泰建交三十周年》，世界知识出版社，
2005年版。

8.周一良：《中外文化交流史》，河南人民出版社，1987年版。

9.段立生：《泰国文化艺术史》，商务印书馆，2005年版。

10.傅增有：《中国 – 泰国》，五洲传播出版社，2004年版。